세계 역사를 뒤흔든
금융 이야기

金融可以颠覆历史
作者：王巍

Chinese Edition Copyright ⓒ 2013 by Wang Wei
All Rights Reserved.
Korean Translation Copyright ⓒ 2015 by Pyongdan Munhwasa
Korean edition is published by arrangement with Beijing Mediatime Books Co.,Ltd. China
through EntersKorea Co.,Ltd. Seoul.

세계 역사를 뒤흔든

금융 이야기

왕웨이 지음 · 정영선 옮김

평 단

금융의식이 왜 중요한가

왕웨이를 안 지 여러 해가 되었다. 그를 만날 때마다 금융시장과 기업 활동의 실정에 대해 많은 것을 배웠다. 그는 언어 표현 방식이 독특했다. 복잡한 사건을 명확하게 이야기했고, 이야기나 이치를 매우 생동감 있게 표현했다. 입지를 넓혀 가는 왕웨이는 대학원생들이 실정을 이해하지 못한다고 설명하기를 게을리하지 않고 인내심을 갖고 전혀 지치지 않고 설명해 주었다.

그도 종종 의외의 행동을 했다. 작년 연말 그가 주도하는 독서회에 갔다가 시작 전에 틀어 주는 영상을 보며 그가 톈진, 베이징, 쑤저우 등지에 박물관 몇 곳을 건립했다는 사실을 알게 되었다. 월가의 금융박물관을 방문했을 때 '자극'을 받아 돌아와 중국에 세웠다는 것이다. 영상을 보니 금융박물관이 꽤 그럴듯했고, 민간이 운영하는 공익사업으로 대중에게는 한 푼도 받지 않았다. 베이징 금융박물관이 차오양(朝陽)공원 내에 있다고 해서 하루 시간을 내서 가봐

야겠다고 생각했다.

몇 주 전, 위퉁(漁童) 여사가 왕웨이의《세계 역사를 뒤흔든 금융 이야기》라는 책을 소개해 주었다. 이상할 것이 전혀 없었다. 왜냐하면 왕웨이는 경영대학원 교수였고, 나도 일전에 그의 수업을 들은 친구로부터 그의 강의에 대해 들은 적이 있었기 때문이다. 이는 내가 좋아하는 전통적인 수업방식이다. 글래스고와 에든버러의 카페에서 상인, 장인, 학자, 신부가 함께 토론을 하던 모습, 아마 고전 정치와 경제학은 이런 경험주의를 기반으로 한 분위기 속에서 탄생했을 것이다. 실전 경험이 풍부한 왕웨이의 말과 글은 매우 구체적이다. 그런 그가 금융박물관을 건립하기 위해서 팀을 만들어 함께 금융맥락을 정리하고 심혈을 기울여 글로 써내려갔으니 충분히 읽을 가치가 있다.

책을 읽기 시작한 지 얼마 안 돼 이런 문구가 있었다. "우리는 계몽이 필요하고 그 유일한 시작은 금융의식의 정리다. 이 책은 기업가와 금융가를 포함한 젊은이들을 위해 금융의 역사와 의식을 서술한 책이다." 내 생각에 이는 현명한 생각이고, 우리도 이에 동참해야 한다.

왜 금융의식이 중요할까? 작가의 생각은 이렇다. "우리의 많은 금융의식은 그럴듯하지만 그렇지 않은 것이 많다. 이런 어리석은 의식을 기반으로 한 사고의 모듈은 모호하다. 하지만 잠재의식 속에 우리의 금융사상을 지배하고 있다." 이는 우리의 사고 깊숙이 내재되어 있는 '생각'은 원래의 취지와 무관하다는 것을 말해 준다. 의식은 사고의 모듈에 영향을 주고 금융사상에 작용한다. 사상이 영향을 받으면 어떻게 될까? 행위로 표현된다. 왜냐하면 인간의 행위는 끊임없는 선택이기 때문이다. 그중 무엇을 하고 무엇을 하지 말 것인가라는 사상의 선택은 실제 행위의 첫걸음이다.

내 생각도 그렇다. 조금 덧붙이자면 의식이 유행하기 시작하면 자신의 선택에만 영향을 주는 것이 아니라 타인―매우 매우 많은 사람―의 선택에도 영향을 미친다. 이것이 지속되면 사회와 경제의 흐름에 영향을 주고 심지어는 위대한 문명이 긴 세월을 거쳐 기로에 다다랐을 때 몇 년 동안 헤어나오지 못하기도 한다.

따라서 의식은 매우 중요하다. 그래서 이 책의 취지를 더욱 이해할 수 있다. 금융사건이 중요한 건 사실이고, 금융가와 금융 관련 이야기에 신비한 요소도 많은 것이 사실이다. 그러나 가장 중요한 사실은 정확한 금융의식으로 영혼을 배불리는 것이다. 그렇지 않으면 모호한 사상모듈로 추리하고 잘못된 금융사상에 지배를 받아 과거와 현재와 미래를 이해하게 된다. 그러면 비극적인 결과로 이어질 수도 있다.

그렇다면 우리는 새로운 질문을 던지게 된다. 정확한 금융의식을 어떻게 얻을 것인가? 이 질문을 계속 고민하다 보면 머리가 복잡해진다. 근원적으로 따져 보면 '정확'하다는 말 자체가 문제다. 너도나도 다 정확하다고 한다면 도대체 누가 정확한 것일까? 계속 고민하다 보면 답은 오직 '백가쟁명, 백화제방'뿐이다. 사상이나 의식이 정확한가의 여부는 개방된 환경에서 시비를 명확히 가릴 수 있고 가설, 의심, 번복, 반박, 검증 등 무수한 과정을 통해야 '정확'에 가까워진다.

이 답이 너무 철학적이라고 느껴진다면 좀 더 구체적으로 이야기해 보자. 어떤 유행 혹은 모두가 절대적으로 옳다 또는 생각할 필요도 없이 정확하다고 여기는 생각이나 사고를 예로 들어 보자. 진실한 금융사건(과거든 현재든)을 예로 들어 사고의 전환을 통해 다시 생각해 보자. 다시 정리한 금융사건이나 금융맥락으로 '역사를 뒤흔드는 것'이다. 그러나 사실 역사는 원래 거기에 있었고, 바뀐 것은 역사에 대한 인간의 생각이고 역사서술에 내포되어 있는 인간의 의식이다.

우리가 잘 아는 '악화가 양화를 구축한다'는 '그레셤의 법칙'을 예로 들어 보자. 이 용어는 1560년 은화의 함량 부족에 반대한 공문에 처음 등장했다. 전해지는 바에 따르면, 엘리자베스의 화폐개혁에 결정적 역할을 한 그레셤 나이트작이 만들어 낸 말이다(비록 그의 원고에는 관련 표현이 없다). 이 '법칙'은 만일 여러 종류의 화폐가 유통되면 함량이 부족한 화폐(악화)가 함량이 높은 '양화'를 시장에서 쫓아낸다는 것이다.

이 책에서 언급한 은화 중 값싼 금속을 넣은 로마 네로 황제 시대부터 근대의 영국령 미국과 서인도 군도 식민지에 이르기까지 '악화가 양화를 구축'한 사건이 수시로 발생했다. 사람들은 일상의 경험을 근거로 마치 시장거래에서의 부도덕한 행위(예를 들면 모조품)는 경쟁에서 원가 우위를 내세워 합법행위에 영향을 주기 때문에 '악화가 양화를 구축'하는 현상은 통화뿐만 아니라 더 광범위한 분야에 나타난다고 추론했다. 예를 들면 현재 중국의 소비자들이 자국 시장의 우유를 믿지 못해 수입품을 사느라 난리인데 이유를 곰곰이 생각해보면 '나쁜 우유가 좋은 우유를 구축한 것'이다.

그러나 만일 시간을 더 길게 늘여 보면 상술한 '법칙'을 검증하기 어렵다. 네로 황제의 악화는 지금 안전한가 묻고 싶다. 물론 이미 사라지고 없다. 예나 지금이나 동서고금을 막론하고 악화는 많았지만 악화라는 이유로 역사에서 살아남은 화폐는 없었다. 지폐시대에 들어서며 악화 제작에는 염가의 귀금속 비용조차도 절약할 수 있게 되었다. 그냥 지폐를 인쇄하면 되었다. 미국의 그랜백 달러, 바이마르 시기의 독일 마르크, 장 위원장의 금원권, 2009년 1조 액면가 지폐를 12개 0을 삭제해야 1짐바브웨 달러가 되는 짐바브웨 화폐 등 부지기수다. 그러나 이 화폐들이 지금 어디 있는가? 장기적으로 보면 이런 악화는 모두 소멸되었다.

그 대신 양화는 적어도 사라진 화폐와 비교해 보면 좋은 화폐라고 할 수 있다. 1949년 이후의 위안화는 금원권보다 더 나아서였고, 2010년 이후 짐바브웨가 달러화를 실시한 것이 솔직히 말해 짐바브웨 화폐보다 더 좋아서였다. '악화가 양화를 구축한 것'이 아니라, 장기적으로는 오히려 양화가 악화를 구축했다. 왜일까?

의식 속에서 답을 찾아보니 일시적으로 실현된 악화의 양화구축 현상은 '총유통량이 화폐 수요를 만족시키지 못할 때'라는 중요한 전제조건이 있었다. 다시 말해 시장에서는 거래할 상품이나 서비스가 많은데 유통 화폐가 부족한 것이다. 이런 상황에서 함량이 부족한 귀금속 화폐나 지폐가 거래의 매개체가 되어 상품의 판매에 이용된다. 따라서 '양화'—진정한 양화가 오히려 대체되고 유통에서 퇴출된다. '양화'가 퇴출되면 통화량은 더 부족해지고 악화가 더 '존중'받게 된다. 화폐에는 물론 통화의 기능도 있지만 엄밀히 말해 상품의 유통을 돕는 것인데 함량이 부족한 것이 무슨 상관인가?

문제는 악화의 유통이 더 많은 악화의 공급을 자극한다는 것이다. 일단 임계점을 넘게 되면 인플레이션이 발생하는데, 이때 상황이 변한다. 왜냐하면 사람들은 물가는 항상 상승하고 돈의 가치가 떨어질 것을 알게 되기 때문이다. 양화가 시장에서 퇴출되면 '양화'—가치 보존의 기능이 있는 상품도 시장에서 퇴출된다. 사람들은 사재기로 수중의 돈을 모두 물건으로 교환한다. 이렇게 되면 악화가 구축된다. 화폐당국이 악화를 아까워할까? 그러면 사람들은 화폐당국도 함께 구축할 것이다.

사실 시장이나 정치권의 거짓말은 소수를 오랫동안 속이거나 다수를 잠깐 동안 속일 수는 있어도 오랫동안 많은 사람을 속일 수는 없다. 아니면 인류는 벌써 파멸했을 것이고 경제나 시장도 모두 붕괴되었을 것이다. 장기적으로 보면 양화만이 오래도록 살아남는다. 이런 사고에 지배를 받는 국가나 국민 그리고 화폐제도만이 계속 진화하며 생존할 수 있는 능력을 갖게 된다.

이 책은 내용도 풍부하지만 기존에 유행하고 있는 의식에 타격을 주는 사건도 많이 소개했다. 정확한 금융의식이 어디서부터 비롯되는 것이냐고 묻는다면 내 생각에는 장기적인 금융사건과 철저한 사고 사이를 배회하는 것이 아마도 유일한 선택일 것이다.

저우치런(周其仁)
베이징 대학 국가발전연구원 교수
베이징 대학 랑룬위안(朗潤園)

잠자는 사회에 계몽의 '혁명'을 일으키다

중국 수천 년의 문자역사는 황권투쟁과 교체의 역사를 기록하고 있다.

황권 중심의 역사를 보면 통치의 술수만을 하향식으로 기록해 통치자의 이익에 맞춰 가공된 역사를 우리에게 보여 준다.

국가 간의 경쟁이 제도적 경쟁이 아닌 황권을 차지하려는 경쟁일 때, 냉병기 시대에는 군사력과 경제력에 목숨을 걸었다. 이러한 경제적인 대치 상황에서는 황권 통치의 역량(정권의 안정성)과 함께 대외적인 약탈 능력도 이에 포함된다.

황권이 마음대로 약탈이 가능한 상황에서는 금융이 역할을 발휘할 여지가 거의 없다.

중국의 황권이 '중농억상(重農抑商)'을 강조하던 시절, 상인들은 사회적으로 존중받지 못했고 경제 성장을 조절할 여지도 없었으니 금융의 역할은 말할 것도 없었다.

송나라 이전 중국은 가(街, 거리)와 방(坊, 동네)으로 행정구역이 엄격하게 구분되어 있었다. 가는 관도였고, 방은 민도였다. 모든 민간의 상업활동은 방이라는 공간에 국한되어 있었다. 송나라는 이런 엄격한 가와 방의 한계를 타파하고 시장을 제한적으로 개방해 경제를 발전시켰다. 비록 수년간의 전란이 있었지만, 호화롭고 사치스러운 생활과 가무로 태평성세를 가장했고 그러는 가운데 금융사건의 초기형태가 존재하고 있었다.

8개국 연합군이 중국에 쳐들어와 자희태후가 베이징에서 도망갈 때 산시의 표호와 전장이 다시 황궁으로 돌아왔고, 이를 교환조건으로 표호는 유통 범위를 넓혔다.

아편이 중국의 공식기록에는 독 상품으로 되어 있지만, 영국인의 장부에서는 화폐였다. 영국은 이를 이용해 중국의 도자기와 다른 물건을 살 수 있었다. 이런 화폐가 금지되어 유통이 불가능해지니 전쟁이 터진 것이다.

과거 세계의 패권을 부르짖던 많은 서방국가는 국토 면적이나 인구 규모 면에서 모두 중국보다 못했다. 하지만 그들은 사회제도의 변혁과 금융 지렛대의 힘에 의지해 자신들의 족적을 전 세계 절반에 남겨 놓았다.

증기 기관차에서 전보 그리고 전화에 이르기까지 기술혁신 이면에는 금융의 힘이 존재했다. 그러나 황권의 독점과 계획경제는 근본적으로 시장경제의 역할을 부정했다. 따라서 공상과학 세계의 환상을 억압하고 자본시장에서의 금융의 지원을 말살했다. 그래서 그렇지 않아도 미미했던 기술혁신이 금융의 지원 없이 혁신과 진보를 이루기란 불가능했고, 결국 요람에 갇히는 신세가 되었다.

역사의 배후에는 권력 이외에 우리 눈에는 보이지 않는 다른 요인이 존재하는데, 만일 사회 발전을 촉진하는 이런 요인이 사람들 눈앞에 나타난다면 먹구름을 헤치는 빛줄기처럼 세상을 밝게 해 주었을 것이다. 과거 교과서에서 사악하게 묘사된 행동이나 자본이 원래는 세계 발전을 이끈 원동력이었음을 알면 책 속의 기록은 무의미한 것이 되고 만다.

미국 독립전쟁의 승리 이면에도 세계 금융의 힘이 존재했다. 금융은 미국이 전쟁을 승리로 이끌어 독립을 쟁취한 것 외에도 민주 사회제도를 건설하는 데 큰 보탬이 되었다. 미국인들은 정부 차관을 통해 정부의 역할이 부를 창조하는 것이 아니라 부를 배분하는 권력임을 알았다. 따라서 이런 권력을 새장 안에 가두어 납세자들의 동의 없이 마음대로 못하도록 제약 조건을 만들었다. 이렇게 해서 시장은 금융의 역할을 자유롭게 발휘할 수 있는 권리를 얻게 되었고, 덕분에 200여 년의 짧은 역사를 가진 국가가 세계 제일의 강국이 되었다.

우리는 금융을 통해 많은 것을 알게 된다. 가장 기본적인 것은 금융이 사회 발전, 통치, 경제기술 진보, 국가제도 개혁이라는 기능이 있다는 것을 새삼 깨닫게 해 주었고, 이를 통해 우리는 과거 정치적 가치관에 얽매여 쓴 역사를 다시 쓸 수 있다는 것도 알게 되었다.

내가 왕웨이의 저서를 추천하는 이유는 우리는 많은 문제에 대해 유사한 인식을 갖고 있기 때문이다. 우리가 함께 중국 금융박물관 서원을 건립하면서 이 플랫폼을 통해 잠자고 있는 사회에 계몽의 '혁명'을 일으키길 희망했다. 이를 통해 사회가 교과서에서 보던 역사적 기록을 재인식하고 독립적인 사고와 실천을 통한 검증으로 과거의 잘못을 바로잡고 자신만의 영혼을 되찾기를 바랐다.

금융이 그저 돈이라는 생각을 버려야 한다. 금융은 그저 시장에서 유행하는 것이라는 인식은 더더욱 버려야 한다. 금융은 사회제도의 수립과 개혁을 상대해야 한다. 미래 세계의 희망은 노동을 통한 가치 창조뿐만 아니라 자유로운 부의 창조가 이루어지는 데 있다.

런즈창(任志强)

베이징 시 화웬(華遠)부동산주식회사 회장

올바른 금융의식이 역사를 바로 볼 수 있다

2011년에서 2012년 사이 나는 경제 잡지 〈엔터프라이즈〉와 〈파이낸스〉에 칼럼을 쓰기로 했다. 금융의식과 금융사에 얽힌 사건을 논하는 20여 편의 글을 썼다. 이 글이 발표된 후 각종 미디어에 게재되면서 업계의 주목을 받았다. 창장경영대학원의 초청으로 강의를 몇 차례 했는데, 많은 기업가가 참석해 다소 놀랐다.

이번에는 출판사의 배려로 책을 출판하게 되었는데 마음이 편치만은 않다. 나는 원래 사업가로 금융학을 전공하지도 않았고, 역사학과는 더욱 무관하다. 그저 금융과 관련된 박물관 건립에 참여했을 뿐이다. 따라서 이번에 책을 내자니 옛 선인들의 비웃음을 사거나 아니면 사기를 치거나 기회를 틈타 돈을 벌려 한다는 오명을 쓸거 같아 두려웠다. 그러나 다행인 것은 그동안 사업을 하면서 고집을 부리다 사사로운 잘못을 많이 범했기 때문에 실수 한 번 더한다 해도 타격이 그리 크지는 않을 것이다. 덕분에 고수의 가르침도 받게 되어 배우고 익히니 이 또한 즐겁지 아니하겠는가.

독자들에게 솔직히 고백하고 싶은 것은 금융박물관을 건립하고 관리하는 것이 원래 나의 계획은 아니었다는 점이다. 그저 옆에서 도와주려 했으나 금융박물관을 준비하는 과정에서 그럴듯한 금융 사학자가 없다는 것을 알게 되었다. 곰곰이 생각해보니 몇 가지 이유가 있다.

첫째, 중국문화의 '사농공상' 순서 중 상이 맨 끝에 있다. 그러니 상업사를 정리하는 것도 흔한 일이 아니었고, 금융사 자료도 별도 없으며, 중화민국 이후 이와 관련된 연구가 없었다. 둘째, 중국인민 공화국 수립 이후 금융학자들은 이데올로기로 학술연구를 이끌어 객관적인 입장이 없었다. 게다가 중국의 금융업태는 항상 재정부문 산하에 있어 사라졌다 회복되기를 수시로 반복했으니 지속적인 역사주기는 찾아볼 수 없고, 진정한 금융사 전문가를 배출하기도 어려웠다. 셋째, 최근 30년 동안 사람들은 시장 개척과 부의 축적에 많은 관심을 가지기 시작했다. 금융사 전공은 시장 전망이 없어 대부분의 학교에서 전공이 사라졌고, 교수들도 진로를 바꾸고 있다. 따라서 현재의 금융사관은 공백 상태라고 할 수 있으며, 간혹 전문서적이 있다 해도 대부분이 음모론이나 소설류다.

또 독자들에게 솔직하게 고백하고 싶은 것이 있다. 이 책은 금융 사를 다룬 책이라고 하기에는 엄격한 문서나 자료의 고증이 빠져 있다. 금융사상사라고 하기에는 지식이나 사상자원이 부족하기 때문에 더더욱 아니다. 물론 소설도 아니다. 나는 30년 동안 금융분야에서 배우고 경험을 쌓았기 때문에 최소한의 지식이 있다는 것은 보장한다. 나는 원래 '금융의식사'라고 부르고 싶었다. 왜냐하면 우리의 많은 금융의식은 그럴듯하지만 그렇지 않은 것이 많다. 이런 어리석은 의식을 기반으로 한 사고의 모듈은 모호하지만 이것이 잠재의식 속에 우리의 금융사상을 지배하고 있다. 따라서 우리는 계몽이 필요하고 그 유일한 시작은 금융의식의 정리다. 이 책은 기업가와 금융가를 포함한 젊은이들을 위해 금융의 역사와 의식을 서술한 책이다.

내가 젊은이들을 상대로 금융역사와 의식을 설명하려는 이유는 다음과 같다. 젊은이들은 불굴의 정신과 원대한 꿈, 과감한 혁신정신을 가진 집단이다. 그들은 무에서 유를 창출하고 미래지향적이며 미래를 위해 부를 창출할 사람들이다. 그래서 금융의식과 자본으로 뒤에서 이들을 지원해 주어야 한다. 이탈리아의 유명한 과학자 갈릴레이는 역학과 물리학을 연구하는 과정에서 피렌체 은행가문인 메디치 가문의 후원을 받았다. 와트는 증기기관차를 발명할 때 자금난에 몇 번이나 시달렸지만 다행스럽게도 공장주인인 볼턴의 지원을 받았다. 어렸을 때부터 '바보'라고 놀림 받던 천재소년을 눈여겨본 J. P. 모건은 투자자를 모아 에디슨의 발명을 후원했다. 인류는 덕분에 전등을 사용하게 되었다. 빌 게이츠와 마크 주커버그가 마이크로 소프트와 페이스북을 성공시킨 배후에는 마찬가지로 금융의 혁신과 자본의 운용이 있었다.

역사에 대한 발굴도 또 다른 중요한 혁신의 원천이다. 역사를 되돌아볼 때마다 의식을 정리하고 혁신하는 기회가 될 것이다. 새로운 사료를 연구하고 발굴하는 것도 가치관을 정리하는 계기가 된다. 이탈리아 역사철학자 베네데토 크로체는 '모든 역사는 현대사이다'라고 말했다. 역사를 다시 발견하고 현재의 사회의식과 역사가치의 계승관계를 수립하는 것은 혁신사고를 수립하는 중요한 요인이다. 우리는 선인들의 어깨에서 미래를 조망하며, 역사가 쌓아온 족적을 무시하거나 간과하는 것이 아니라 과거의 혁신 과정을 계속해서 복제한다. 지금 우리 사회의 창업자들은 대부분 80년대 이후에 태어난 사람들이다. 그들은 미래를 대표하는 세대다. 1950년대 태어난 우리 세대가 기존의 낡은 체제를 개혁하는 데 많은 시간과 노력을 투자했지만, 득보다는 실이 많았다. 중국 자본시장에 일말의 족적은 남겼지만 상처도 많다. 남겨진 흔적을 지우고 신세대에게 더 나은 미래를 제공하는 것이 우리 세대의 책임이자 의무다.

엄격하게 통제되는 체제에서 금융은 특수한 지위를 누리며 신비로운 존재로 대중과는 동떨어져 있었다. 이는 매우 유감스러운 일이다. 금융은 쉽게 말하면 제도의 안배다. 이는 자금의 융통을 돕고, 프로젝트에 자금이 투입되게 하며, 돈이 적절한 곳에 투자되게 하고, 국민의 생활을 더욱 편리하게 하며, 기업가들의 창업을 돕는다. 그러나 중국의 특수한 상황으로 간단한 도구처럼 보이는 금융에 너무 많은 특별한 의미를 부여해 엄격하게 통제함으로써 자유롭고 효과적인 금융수단이 봉쇄되었다. 이로 인해 금융은 굴레에서 벗어나지 못하고 제자리걸음을 했다. 좋은 금융제도는 접근이 용이하고,

융자 비용이 합리적이어야 한다. '접근(access)'과 '비용(cost)'이 바로 금융개혁의 핵심이다.

중국 금융박물관 개관사에서 나는 금융은 제도이고 생활방식이며 가치의 선택이고 열정이 있는 탄탄대로라고 말했다. 안정적이고 효과적인 금융제도만 있다면 투자자와 창업자 사이에서 수요와 공급의 균형을 이룰 수 있고, 이런 안정된 금융환경만 있다면 미래지향적으로 미래의 자원을 이용해 오늘의 생활의 질을 높이고 안정적인 삶을 누릴 수 있다.

정확한 금융의식의 수립이 중요한 이유는 현재 사회에 금융음모론이 만연해 있기 때문이다. 음모론을 떠벌리는 사람은 리스크를 이해하지 못하고 변화를 두려워하며 변화에 저항하는 사람이다. 그들은 악마를 묘사하듯 금융시장을 전망하고 대중의 감정을 선동해 이성적인 분석과 혁신적인 발전을 방해한다.

예를 들어 2007년 서브프라임 위기 때 많은 사람이 월스트리트가 붕괴될 것이라 여겼고, 금융시장도 따라서 붕괴될 것이라고 했다. 그러나 금융의 역사를 이해한다면 냉정한 사고를 통해 이것은 붕괴가 아니라 금융발전 과정에서 나타나는 작은 좌절이라는 것을 알게 되고, 새로운 금융혁신의 기회가 다가오고 있음을 알게 될 것이다. 1920년대 초기, 항공운송업에서 비행기 추락 사고가 빈번히 발생했을 당시 만일 인류가 교통수단의 위험성만 보고 교통수단을 계속 보완하고 발전시키지 않았다면 지금과도 같은 안전하고 편리한 항공산업은 이루지 못했을 것이다. 따라서 창업자는 복잡다단한 금융환경에서 항상 명철한 판단력과 이성적인 사고를 유지해야 한다.

나는 독자들과 함께 금융과 관련된 중대한 역사적 사건 그리고 인물을 함께 회고하고, 금융역사의 장면을 재현해 금융의식을 체험하고, 역사발전 과정에서 인간의 이데올로기의 진화주기를 파악하길 희망한다. 예를 들어 신해혁명 배후에 있던 금융 도화선, 청일전쟁 당시의 금융 대결, 왕망(王莽)의 화폐개혁이 촉발한 왕조의 붕괴, 과학자 뉴턴의 황실의 조폐 주관 경험 등등이다.

케인스는 '만일 화폐의 관점에서 역사를 발굴한다면 전체 역사는 전복될 것이다'라고 말했다. 물론 의식의 변화도 우리에게 수시로 일어난다. 새로운 자료와 새로운 관점이 출현하면 우리도 관점이나 생각을 조정할 수 있어야 하며, 그것이 이 책을 출판하는 목적이기도 하다.

나 또한 독자들과 소통하길 희망한다. 금융역사와 관련된 사건에 흥미가 있다면 나에게 연락해 같이 토론하고 참신한 관점을 찾기를 희망한다. 책에 수록된 많은 내용은 톈진, 쑤저우, 베이징에 있는 중국 금융박물관에 전시된 작품 속에서 모티브를 얻은 것이다. 나는 〈남방인물주간〉의 리차오(李超) 기자와 중국 금융박물관 서원 위통(漁童) 사무총장이 자료 협조와 내용 정리를 도와준 것에 특히 감사를 드린다. 리차오의 도움 덕분에 이 책의 질적 수준이 많이 향상되었다.

끝으로 이 책이 학술서적은 아니지만 엄격하게 역사 자료에 근거해서 썼다는 점을 밝히고자 한다. 인터넷의 편리함과 중국어, 영어,

일어를 모두 해독할 수 있는 능력을 충분히 활용해 중요한 금융사 관련 자료를 가능하면 모두 참고하려고 했다. 그러나 양이 너무 방대해 뿌리와 줄기가 서로 뒤엉켜 이 책의 저작 목적에 근거해 참고문헌 목록(책 후반부 참고)을 정리해 여러분이 나무만 보고 숲은 보지 못하는 것을 방지하고자 했다. 목록은 중국 금융박물관 사이트에 있으니 함께 보완해 나가길 희망한다. 저우치런 교수의 건의로 이루어진 것이므로 특히 저우 교수에게 감사의 말을 전한다.

중국 금융박물관 서원은 2011년 7월에 개원해 30차례 활동을 했다. 1만 5,000명이 현장을 방문했고, 50여 명의 사상계, 재계, 예술계, 정계의 유명인사들이 소감을 전해 주었다. 그들에게 많은 도움을 받았기에 이 책의 원고료는 서원에 기부하고자 한다. 이 또한 서원 이사장 런즈창의 뒤를 따른 것이다.

왕웨이(王巍)
중국 금융박물관 이사장
E-mail: wangwei@mergers-china.com

| 목차 |

제1부   세계 금융의 역사

중국 금융의 역사 제2부

The Finance History of World Shaking

세계 금융의 역사

제1장

지중해 삼국의
뺏고 빼앗기는
금융 각축전

역사적으로 위대한 인물이나 전쟁과 관련된 이야기에는
신화나 민족 이데올로기의 색채가 자주 가미된다.
그러나 배후에서 조종하고 지원해 주는
'돈'이라는 하나의 중요한 요소는 최대한 감추려 한다.

세계 최초의 화폐

인류의 발전 과정에서 초기에는 농업과 전쟁이 내내 매우 중요한 동력이었다. 농업은 종족 번식과 발전의 기반이었고, 전쟁은 종족 보호와 세력 확장의 수단이었다. 역사적으로 위대한 인물이나 전쟁과 관련된 이야기에는 신화나 민족 이데올로기의 색채가 자주 가미된다. 그러나 배후에서 조종하고 지원해 주는 '돈'이라는 하나의 중요한 요소는 최대한 감추려 한다. 돈은 교환의 도구로서 모든 물품으로 바꿀 수 있었고, 심지어 명예까지도 얻을 수 있는 도구였다. 만약 돈에 의해 좌우된다고 하면 이야기나 위인은 천우신조나 능력은 사라져 버리고 그저 보통 사람에 불과하게 된다. 그래서 돈과 밀접했던 인물이나 이야기일수록 역사에서는 돈과 거리를 두려고 유달리 노력한 흔적이 엿보인다.

화폐는 초기에는 무역 거래나 상품의 가격 결정을 위해 사용되었다. 돌, 조개껍데기, 소금, 가축 등이 화폐로 쓰이다가 무게나 함량이 일정하고 휴대가 간편하며 반복해서 사용할 수 있는 금속이 사용되기까지 대략 3000~4000년의 시간이 흘렀다. 세계 최초의 화폐는 기원전 600년경 리디아[1] 왕국에서 탄생했다. 당시 중국은 춘추 전국 시대였는데 도폐(刀幣)나 포폐(布幣)가 있었지만, 문헌 기록이 존재하지 않는 까닭에 리디아 왕국의 금화와 은화가 인류 최초의 화폐로 인정받고 있다.

리디아 왕국의 수도 사르디스는 동서양 무역의 요충지로, 메소포타미아 문명이나 지중해 문명의 발원지이기도 하다. 리디아인들은 아나톨리아[2]라고 하는 풍요로운 땅에서 다양한 광산자원을 발굴했다. 호박금이 주를 이루었는데, 리디아 하류에는 사금이 매우 풍부했다. 이는 신이 리디아에 선물한 '첫 번째 금단지'였다. 리디아인들은 금과 은이 섞인 호박금으로 세계 최초의 화폐를 만들었다.

기원전 560년, 크로이소스 왕이 리디아 왕위를 계승했다. 그는 화폐 표준화 작업을 추진했고, 이를 기초로 초기의 금본위제가 형성되었다. 그때까지 사람들은 화폐를 사용할 때마다 무게를 달고 함량을 측정하는 등 복잡한 과정을 거쳐야 했는데, 이로 인해 교역의 비용도 매우 높았다. 리디아의 주화는 금은 합금으로 만들어졌고, 표면에 사자의 두상이 찍혀 있어 '리디아의 사자'라 불렸다. 이것은 금 54퍼센트, 은 46퍼센트의 함량에 무게 4.74그램, 직경 11밀리미터의 크기였다. 이 화폐는 표준 중량과 함량의 금속을 사용했기 때문에 품질이 안정적이어서 리디아의 세력 확장에 힘입어 페르시아뿐만 아니라 지중해

1 리디아(Lydia): 소아시아 중서부에 위치한 고대국가(기원전 7세기경 1세기 동안 발흥했던 나라), 에게 해에 인접해 있었고, 현재의 터키 북서부에 해당한다.
2 터키 고원이라고도 부른다. 터키 경내에 위치.

연안까지 확산되어 리디아와 그리스 왕국의 무역에 편의를 제공했다. 덕분에 리디아는 서아시아의 강국이 되었고, 큰 부를 축적해 아르테미스 신전[3]을 건축했다.

크로이소스 왕은 막강한 재력을 이용해 영토 확장에 나섰다. 그는 한때 그리스의 소아시아 도시들을 모두 장악했지만, 동쪽의 신생국인 페르시아 제국을 우습게 보고 무모하게 쳐들어갔다가 대패하고 말았다. 페르시아 제국의 키루스 대왕은 낙타군대를 이끌고 리디아 기병을 무찌르고 크로이소스 왕을 생포하고 리디아를 멸망시켰다. 그러나 키루스 대왕은 이재에 밝은 크로이소스 왕의 능력을 높이 사서 그를 페르시아 제국의 고문으로 임명했다. 또한 리디아의 화폐를 계속 사용하게 하고 지중해 지역과 아시아 다른 지역까지 널리 보급되도록 했다.

다리우스 1세(기원전 550~기원전 486년)는 페르시아 제국의 세 번째 군주로 그가 재위하고 있는 동안 페르시아 제국은 전성기를 맞이했다. 그는 최초의 글로벌한 안목을 가진 정복자였다. 통치 기간은 짧았지만, 그는 처음으로 유럽, 아시아, 아프리카를 아우르는 세계 강국을 건설했고 바빌론, 그리스, 인도의 3대 고대문명 발상지를 정복했다. 다리우스 1세는 즉위한 지 1년도 되지

3 아르테미스는 그리스 신화에 나오는 사냥의 여신으로 고대인들에게 사냥은 여가활동이 아닌 가족의 생계를 해결하는 주요 수단 중의 하나였다. 따라서 아르테미스는 사람들에게 큰 사랑을 받았다. 아르테미스 신전은 기원전 550년경에 건축되었다. 터키 에페수스에 세워진 아르테미스 신전은 5세기 초 동로마 제국 황제 테오도시우스 2세에 의해 파괴되었다. 아르테미스 신전은 세계 7대 불가사의 중 하나다.

않아 다양한 전술로 전쟁을 18차례나 치렀고, 8명의 군웅을 제거했으며, 방대한 페르시아 제국을 통일했다. 정치제도와 군사력이 뛰어난 것도 주효했지만, 페르시아 제국이 강대할 수 있었던 가장 중요한 요인 중 하나는 다리우스가 고안한 선진적인 상업제도와 화폐제도였다. 역사에서는 이를 '다리우스 개혁'이라 부른다.

'다리우스 개혁'은 중앙집권을 강화하려는 목적이었지만, 그 내용은 대부분 경제와 관련이 있었다. 우선 조세제도를 보면, 다리우스는 각 성의 납세액을 정확히 책정하고 모든 성은 중앙정부에 일정 양의 금은과 물자를 납부하도록 했다. 구체적인 액수는 다음과 같다. 소아시아 4개 성은 매년 은 1,760달란트, 이집트성은 은 700달란트, 바빌론-아시리아성은 은 1,000달란트, 인도성은 4,860달란트에 상당하는 사금을 납부해야 했다. 페르시아성은 면세였다. 각 성의 자원 보유량에 근거해 세액이 정해졌고, 세금은 국고에 납부해야 했으며, 일정액의 현금 이외에 곡물이나 가축 등 토산품도 바쳐야 했다. 이것은 궁정이나 각지의 주둔군 및 원정군에게 공급했다. 예를 들면 이집트는 매년 멤피스에 있는 페르시아 군대에 곡물을 공급하고, 바빌론은 궁정과 제국 군대에 한 해에 필요한 양식의 3분의 1을 공급하는 것이었다.

다리우스 1세는 또 통일된 금화를 사용하도록 명령했다. 영토가 광활한 페르시아 제국에서는 다양한 화폐와 도량형이 지역별로 통용되고 있었다. 이는 지역 간 경제 교류나 무역에 많은 불편을 초래했다. 다리우스 대왕은 서아시아와 북아프리카의 경제무역 수준을 고려해 역사상 최초로 통일된 화폐제도를 제정했다. 중앙정부가 금화 주조권을 갖고, 각 성은 은화 주조만 가능하고, 각 자치도시는 동화 주조만 가능하다고 규정했다.

통일된 금화 앞면에는 다리우스의 두상이, 뒷면에는 궁수가 새겨져 있었다. '다릭'이라고 하는 이 금화는 8.4그램, 98퍼센트의 최고 순도를 자랑했다. 은화는 '세겔'이라 불렸고, 5.6그램으로 20세겔이 1다릭에 해당했다. 시장에서 유통되는 은화는 여러 지역에서 주조했기 때문에 함량이 일정치 않아 다리우스는 세금으로 거둬들인 은화를 백은, 순은, 2등급 은, 3등급 은으로 분류하고 통일기준에 따라 환산해 납세자들에게 부족한 차액은 추가 납부하도록 했다. 계산도 정확했고 화폐의 주조는 물론 무게, 도량형까지 모두 표준화했기 때문에 납세자들은 다리우스를 '소상인'이라 불렀다. 이런 금화나 은화는 훗날 고대화폐 수집가들의 관심의 대상이었다. 다리우스는 금화, 은화, 동화, 이 세 가지 화폐만을 법정화폐로 규정했다. 금화는 전국에서 유통이 가능했고, 은화와 동화는 일정 지역 내에서만 유통이 허용되었다. 화폐의 유통 범위를 다르게 정한 이런 체계는 당시 경제 시스템을 감안했을 때 매우 정교한 체계였다. 이 제도로 상업적 발전은 물론 중앙정부의 경제적 리더십과 지방정부에 대한 재정 통제권도 강화되었고, 상품경제도 발전했다.

역사적으로 페르시아 왕국은 존속 기간은 짧았지만, 부락연맹에서 일약 세계 초유의 광활한 영토를 보유한 노예제 대국으로 변신한 국가였다. 그것은 다리우스 1세의 개혁이 큰 역할을 했다. 그러나 제국의 세수정책과 조세청부제도는 노동자들의 부담을 가중시키고 생활을 더욱 궁핍하게 했다. 그 결과 많은 농민이 파산했고, 병사의 수는 점점 줄어들었으며, 각 지역에서는 봉기가 끊이지 않았다. 광활한 페르시아 제국에서는 정복자와 피정복자 간의 갈등뿐만 아니라 민족 갈등도 점차 심화되었다.

기원전 5세기, 다리우스 1세와 그 후계자가 일으킨 페르시아 전쟁은 번영했던 페르시아 제국을 쇠락으로 몰고가는 서막이었다. 반세기 동안 지속된 페르시아 전쟁에서 페르시아 제국은 용맹스럽게 독립을 지키던 그리스에 패했다. 전쟁 기간에 이집트, 바빌론 등의 피정복자들이 페르시아 통치에 항거하는 봉기를 일으키자 페르시아 제국의 군사력은 더욱 약화되었다. 막강한 군사력에 의지해 통치하던 페르시아 제국은 통치력의 한계에 부닥치기 시작했다. 기원전 330년, 다리우스 3세의 군대는 마케도니아의 알렉산더 대왕에게 패해 200여 년을 유지해 오던 페르시아 제국은 종말을 맞이했다.

고대 화폐의 역할

알렉산더 대왕(기원전 356~기원전 323년)은 역사적으로 이름난 군사가이자 정치가로 유럽 역사에서 위대한 네 명의 장군 중 한 명이다.[4] 지략이 뛰어났던 알렉산더 대왕은 불과 13년밖에 집권하지 않았지만, 국왕 시절 그리스 전역에서 통치지위를 군혔고, 페르시아를 패망시켰으며, 유럽과 아시아를 아우르는 광활한 지역에 국가를 건설했다. 바빌론을 수도로 삼고 서쪽의 고대 그리스와 마케도니아에서 동쪽의 인도 갠지스 강, 남쪽의 나일 강 제1폭포, 북쪽의 악사르테스 강[5]에 이르는 드넓은 국가였다.

마케도니아 국왕 필리포스 2세의 아들이자 그리스의 유명한 철학자 아리스토텔레스의 제자인 알렉산더는 기원전 336년 왕위를 계승했을 무렵 스무 살에 불과했다. 그는 세수 감면 정책을 시행해 국민과 군대의 지지를 받았다. 그리고 아테네와 그리스 전역을 정복했고, 동쪽으로는 당시 세계 강국인 페르시아 제국을 침략해 이집트, 중동, 인도, 중국 일부 지역까지 점령했다. 알렉산더 대왕의 업적에서 주목할 점은 그의 아버지 필리포스 2세가 금은광이 많은 발칸 반도의 트라키아를 오랜 시간 장악한 덕분에 많은 군사를 먹여 살릴 재원을 충분히 지원받은 점이다. 또한 페르시아 제국을 침략해서 500만 킬로그램의 황금을 약탈하기도 했다.

그리스와 페르시아의 적대 관계는 기원전 6세기로 거슬러 올라간다. 당시 소아시아에 위치한 그리스 도시국가가 서쪽으로 세력을 확장하던 페르시아 제국에 함락되었다. 이오니아[6] 반란과 마라톤 전쟁[7] 후인 기

4 나머지 세 명은 카이사르, 한니발, 나폴레옹이다.

5 악사르테스 강: 고대 지명. 지금의 중앙아시아 아랄 해의 시르다리아 강.

6 이오니아: 터키 아나톨리아 서남쪽 해안을 지칭하는 고대 그리스 시기의 칭호. 북쪽은 지금의 이즈미르, 남쪽은 할리카르나소스 이북까지를 말하며, 이 밖에도 키오스와 사모스 섬을 포함한다.

7 마라톤 전쟁: 페르시아 군대와 그리스 연합군이 기원전 490년 9월 21일 그리스 동부 마라톤 평원에서 격돌했던 전쟁.

원전 481년, 페르시아 국왕 크세르크세스 1세는 제2차 페르시아 전쟁에서 그리스 전역을 점령하려 했으나 패하고 말았다. 페르시아를 수복한 크세르크세스 1세는 더 이상 그리스를 침략하지 않았다. 하지만 알렉산더 대왕 시절의 그리스 정계는 기원전 480년에 아크로폴리스를 태우고 신령을 모독했다는 이유로 페르시아에 대한 적대감이 팽배해 있었다. 필리포스 2세와 알렉산더 대왕은 이러한 정세를 이용했다.

알렉산더는 4만 명의 보병과 7,000명의 기병을 앞세우고 가우가멜라 전투에 참전했다. 그는 다리우스가 몸소 징집한 페르시아 제국 각 부족의 전설적인 20만 보병과 4만 5,000명의 기병과 맞서 싸워 페르시아 제국을 무너뜨렸다. 전쟁에서 패한 다리우스는 도망쳤지만, 알렉산더는 군대를 이끌고 바빌론, 페르시아의 수사 그리고 페르세폴리스로 진격해 적군을 따라잡았다. 다리우스는 알렉산더의 추격을 피해 엑바타나를 거쳐 박트리아로 도주했지만, 그곳의 총독 베수스에 의해 폐위당한 뒤 살해되었다. 기원전 330년, 알렉산더는 베수스를 사로잡아 왕을 시해한 죄목으로 처형하고 페르시아를 완전히 정복했다. 기원전 323년, 알렉산더 대왕이 병으로 죽자 마케도니아 왕국은 분열되었다. 알렉산더의 장군들은 서로 영토를 점령하면서 혼전을 거듭했다. 기원전 301년, 입수스 전쟁 이후 그들은 자신들이 정복했던 제국들처럼 몇 개의 독립 왕국으로 분열되었다.

금융의 관점에서 당시 지중해의 군사대국인 세 국가의 역사를 살펴보면 메소포타미아 문명 제국을 중심으로 금은화가 화폐로 사용되었다. 금은화는 부의 상징이었으며, 정치와 군사력은 모두 돈에 의해 유지되었다. 화폐의 도안을 보면 당시 화폐의 지위가 매우 높았음을 알 수 있다. 리디아의 금은화는 사자를 새겨 넣었는데 고액은 사자 머리를, 소액은 사자 발톱을 상징적으로 새겨 넣었다. 알렉산더 대왕이 세상을 뜬 지 40년 후의 계승자는 자신의 두상을 새겨 넣은 은화를 주조해 정통성을 과시했다. 은화에는 부리부리한 눈매에 이마에는 긴 뿔이 달린 잘생긴 청년이 정면을 주시하고 있다. 이는 그리스 신 제우스와 이집트 태양신을 결합한 모습이다. 은화 뒷면에는 아테네 승리의 여신과 국왕의 이름이 새겨져 있다.

당시 지중해 연안에는 여러 왕국의 화폐가 널리 통용되고 있었는데 대부분 용맹을 자랑하는 숫사자나 숫양 등이 새겨져 있었다. 또한 각국의 국왕이나 신의 모습을 새겨 넣어 권위를 상징하기도 했다.

당시 춘추 전국 시대를 맞이한 중국에서도 도폐나 포폐 같은 화폐가 통용되고 있었다. 도폐는 군사용 검이 아닌 농기구에서 착안한 것이고, 포폐는 청동기로 만든 농기구인 '박(鎛)'[8]이 진화한 것이다. 여기에는 지명과 액수만 새겨 넣고, 인물이나 성물은 새겨 넣지 않았다. 진시황은 6국을 통일한 후 도폐, 포폐, 조개 화폐 등 모든 화폐를 없애고 '진반량(秦半兩)'이라는 둥근 동전에 네모난 구멍이 뚫리고 우측에는 '반(半)', 좌측에는 '량(兩)'이라 새긴 동전을 만들었다. 진반량도 과거에 쓰였던 화폐와 마찬

8 고대 호미류의 농기구.

가지로 권위를 상징하지는 않았다.

중국에서는 화폐가 권위의 상징이 아닌 도구로 사용되었기 때문에 지중해 지역처럼 널리 보급되지 않은 것으로 추측된다. 그리고 무엇보다 중요한 점은 중국에서는 부나 권위를 대표하기에 화폐의 지위가 낮았다.

초기 화폐의 기능이나 지위는 당시 문명의 발전 경로와 비슷하다. 지중해 문명이 그리스 로마 문명으로 변천한 것은 문명 간의 충돌과 융합의 역사라 할 수 있다. 금은광산의 개발과 금은화의 유통으로 특히 화폐에 신권과 왕권을 부여하면서 화폐는 정권과 군사력으로부터 독립되어 국가와 시대를 초월한 표준이 되었다. 화폐는 무역을 활성화하는 데 도움이 되었고, 이를 통해 돈은 곧 부를 의미하는 말이 되었다.

당시 중국은 폐쇄된 농경사회였기에 초기 화폐는 농기구를 상징했고 거래도구로만 쓰였다. 질 낮은 동합금으로 만든 화폐는 상류사회의 부를 상징하기에는 역부족이었고, 끊임없는 이데올로기의 억압으로 화폐는 부정적인 이미지로 각인되어 문인들 사이에서는 입에 담는 것조차 꺼렸다.

제2장

고대 로마 제국과 현대 정부, 악성 인플레이션에 무너지다

화폐의 가치는 정부의 권력과 명예에 의지하는데
정부가 이익에 눈이 멀어 화폐의 규율을 어기면
악성 인플레이션을 유발하게 되고,
이로 인해 정부는 붕괴될 수 있다.

금속화폐가 유발한 인플레이션

물가 상승은 부족 자원의 수요가 증가할 때 나타나는 자연스러운 현상이자 오랜 시간 지속된 역사적 현상이기도 하다. 많은 경제학파가 물가상승의 원인에 대해 수요 견인, 원가 상승, 경제구조, 통화량 등 다각도로 견해를 제시하고, 물가 상승으로 인한 사회적 부담을 줄이기 위한 많은 정책을 제시해 왔다. 인플레이션이라는 용어는 자연스레 사회와 정치계의 관심을 통화에 집중되게 한다. 따라서 물가가 상승하면 통치자의 권모술수나 수단으로 귀결된다. 최근 들어 경제 글로벌화가 가속화되면서 사람들은 인플레이션에 대한 국가 간 연계에 주목하게 되었고, 특히 주요 국가의 중앙은행이 무책임하게 지폐를 찍어내고 있다고 비난을 가한다.

최초의 인플레이션은 로마 네로 황제(37~68년)의 집권기간에 시작되었는데 지폐와는 무관했다. 당시 로마 제국은 유럽을 통일하고 아시아를 침략했으며 아프리카를 지배했다. 서로 만난 적은 없었지만 진시황 통일하의 중국과 더불어 최대 문명사회를 이룬 양대 산맥 중 하나였다. 중국 고대문헌을 보면, 고대 로마 제국을 '대진(大

秦)'이라 부르는 점이 흥미롭다.《후한서 서역전(後漢書 西域傳)》에는, "대진국은 넓은 영토를 가진 나라로 해서(海西)에 위치하고 있고 '해서국'이라 부르기도 한다. 수천 리에 달하는 영토에 400여 개의 도시가 있다. 또 수십 개의 작은 나라를 거느리고 있다. 돌로 성곽을 쌓았고 백토칠을 한 우편소가 있으며, 소나무와 잣나무 그리고 갖가지 풀이 있다"라고 묘사되어 있다. 이를 통해 당시 맹위를 떨치던 로마 제국에 대한 이야기가 멀리 떨어진 중국에까지 전해졌음을 알 수 있다.

　기원전 82년, 마리우스[9] 수라[10] 전쟁을 시작으로 로마는 반세기 넘게 내전을 겪었다. 결국에는 카이사르가 최초의 공민공화제를 종식시켰다. 기원전 28년, 옥타비아누스와 아그리파가 집정관이 되자 원로원을 개혁하고, 이듬해 옥타비아누스는 자신이 장악하고 있던 원로원에 권력을 이양하고 공민에게 정권을 주었다. 원로원은 옥타비아누스에게 '아우구스투스'[11]라는 존호를 바침으로써 마침내 로마 제국이 건설되었다. 로마 제국은 전성기 때 영토를 590만 제곱킬로미터까지 확장해 고대 역사상 가장 큰 국가로 군림했다.

　광활한 토지에 전쟁 포로를 노예로 삼아 강대한 제국 군대는 계속 영

9　마리우스(기원전 157년~기원전 86년), 고대 로마 통치자이자 정치가.

10　수라(기원전 138년~기원전 78년), 고대 로마 통치자, 정치가, 독재자. 기원전 88년 집정관으로 임명돼 미트리다테스 전쟁의 지휘권을 차지하기 위해 마리우스와 암투를 벌였고 지휘권을 얻은 후 군대를 이끌고 동쪽 원정에 나섰다.

11　아우구스투스는 '신성한', '고귀한'이란 뜻으로 종교와 신학의 의미를 담고 있다. 일반적으로 로마 제국의 초대황제를 '아우구스투스'라고 부른다.

토를 침략할 수 있었다. 그러나 당시의 사회, 경제 상황을 감안하면 토지와 노예는 무한대로 늘릴 수 없는 한정된 자원이었다. 따라서 로마 제국은 발전의 중심을 내수로 돌렸다. 부자와 중산계급으로부터 세금을 거두어 황제의 사욕을 채우고 권력을 휘둘렀다. 그러나 이것도 한계가 있었다.

카이사르(기원전 100년~기원전 44년)가 집권하던 시기, 로마는 금은화폐 체계를 수립했다. 로마화폐는 로마대군의 정복전쟁을 통해 지중해 주변의 광대한 지역으로 퍼져나가서 무역에 널리 쓰였다. 덕분에 로마 제국은 주변 지역의 자원을 통합하고 통제할 수 있게 되었고, 국력도 강대해졌다. 물가는 안정되고 세수도 적정선을 유지했으며, 경제와 무역은 발전했고, 대출금리는 4~6퍼센트 정도의 안정된 수준을 유지했다.

54년 네로 황제가 즉위했다. 예술적 영감이 뛰어난 네로 황제는 시, 악기, 노래, 연극 등에 정통했다. 동시에 그는 야심이 가득하고 끝없는 사치와 탐욕을 갈망하는 인물이었다. 그가 통치하던 시기에 로마의 도시 건설과 귀족들의 사치는 극에 달했다. 64년 로마에서 대형 화재가 일주일 동안이나 계속되어 14개 도시 중 10개가 불에 탔다. 화재 이후 네로 황제는 도시 재건과 기념비적인 건축물을 짓기 시작했다. 그리고 금은화 함량을 낮추어 공사자금을 모았다.

그러나 이것은 서막에 불과했다. 당시 로마는 금속화폐제도를 시행하고 있었고, 정복 지역에서도 금은동화가 널리 유통되며 가장 귀한 화폐로 대우받았다. 세금을 계속 늘릴 수만은 없었던 네로 황제는 방대한 군대를 유지하기 위해서 은화에 값싼 금속인 납이나 동을 첨가해 함량 미달(화폐 평가절하)의 화폐를 발행했고, 기존의 은화를 재빨리 회수해 불량 은화를 더 많이 만들었다. 금융계에서는 이를 '그레셤의 법칙', 즉 악화가 양화를 구축한다[12]고 한다. 화폐가치가 떨어지면 거래는 줄고 경기가 침체돼 정부는 또다시 더 많은 양의 평가절하된 화폐를 계속 공급해야 하는 악순환이 반복된다. 이는 결국 정부의 신용과 집권 능력을 약화시키는 결과를 초래하게 된다.

역사 기록을 보면 네로 황제가 집권했던 14년 동안(54~68년) 로마 은화는 은 함량이 100퍼센트에서 90퍼센트까지 떨어졌고, 117년에는 85퍼센트, 180년에는 75퍼센트까지 떨어졌다. 그 후 두 명의 황제를 거치면서 211년에는 은 함량이 50퍼센트까지 떨어졌다. 네로 황제를 시작으로 150년 동안 로마 은화는 계속 평가절하되었다.

1세기 은 함량이 90퍼센트에 달하던 로마 은화는 고르디아누스 황제가 통치하던 238년에는 28퍼센트까지 떨어졌다. 사실 은화 발행량이 늘어나 로마 제국이 만일 제대로 된 은화를 발행했다면 은광은 벌써 바닥났을 것이다. 네로 황제를 시작으로 역대 로마 황제들은 하나같이 그 뒤를 따랐다. 당시 로마 은화는

12 '악화가 양화를 구축한다'는 말은 한 국가가 동시에 가치는 다르지만 법정 가격은 동일한 두 화폐를 유통할 때 실질가치가 높은 화폐(양화)가 용화, 소장, 수출되어 유통 영역에서 퇴출되고 실질가치가 낮은 화폐(악화)가 시장에 유통되는 것을 의미한다.

지금의 지폐처럼 신용과 부의 상징이었다. 영국의 유명한 학자 에이 존스(A. Jones)의 연구에 따르면, 138~301년 로마 군인의 군복 가격은 166배 올랐고, 2세기 중반부터 3세기 말까지 밀 가격이 200배나 뛰었다고 한다. 복리로 계산해 보면, 이 기간 물가상승률은 매년 5~6퍼센트에 달했다. 금속화폐로 인한 인플레이션은 이렇게 시작되었다.

260~268년, 로마 제국은 심각한 경제난에 빠졌고 국내 반란은 물론 대외적으로도 전쟁이 끊이질 않았다. 화폐 액면가는 높으나 은 함량이 너무 낮아 물가는 치솟았고, 세수 부담은 가중되었으며, 병사들의 반란은 끊이질 않았다. 결국 275년, 아우렐리아누스 국왕은 살해되었다.

시장에 대한 불만이 폭주하자 정부는 개혁을 시도했다. 그러나 로마 제국은 강제적으로 물가를 잡으려는 그릇된 방향을 선택했다. 301년, 디오클레티아누스 황제는 물가동결 법령을 반포하고 상품 700~800가지와 서비스의 최고 가격을 발표했다. 밀, 팜유, 올리브유, 거위 등의 상품과 이발사, 가정교사 등의 임금도 상한선을 발표했다. 법령을 어긴 자는 엄격한 집행에 따라 사형에 처해졌다. 그러나 물가를 동결하자 시장은 바로 침체되었고 금리는 치솟았다. 그러자 금리를 또 6~12퍼센트 사이로 제한했다. 두말할 것도 없이 정상적인 경제 활동은 모두 지하경제로 자취를 감추었고 관리 감독의 눈 밖으로 사라졌다. 이 법령으로 차기 통치자는 바로 폐위되었다. 로마 제국의 멸망에 관한 논문이 매우 많은데 멸망의 가장 주된 원인을 하나같이 화폐 평가절하로 인한 물가 폭등으로 꼽고 있다.

　물론 로마 제국의 이러한 인플레이션은 1000년 후에 나타난 지폐와는 무관하다. 지폐본위의 화폐가치는 정부의 권력과 명예에 더욱 의지하게 되었다.

지폐와 인플레이션의 관계

　세계 최초의 지폐는 중국 송(宋)나라 성도(成都)에서 시작되었다. 송나라는 960년에 세워져 965년 촉(蜀)나라를 합병하고 당시 유통되던 철전(鐵錢) 대신 동전을 유통하려 했다. 그러나 구리 광산이 부족해 화폐 공급이 원활치 않아 상인들은 직접 어음을 발행해서 썼는데 이를 '교자(交子)'라고 불렀다. 1005년 성도의 지부(知府) 장영(張咏)이 16개 상점을 모아 일률적으로 교자를 발행했는데 이것이 세계 최초의 지폐다. 1023년 정부는 성도에 '익주교자무(益州交子務)'라고 하는 교자전문발행기관을 세웠고, 이듬해 전국적으로 통일된 교자를 발행했다. 교자는 거래나 구매 목적 외에도 전쟁을 위한 군사용과 재무관리에 필요한 민간 용도로도 쓰였다.

　1069년 승상(丞相) 왕안석(王安石)은 개혁을 단행했다. 찻잎, 소금, 곡물 등 중요한 경제자원을 모두 국가가 관리하고 세금을 화폐로 내도록 했다. 이 외에도 교자 발행량을 크게 늘려 1107년 교자발행량은 한도를 20배나 초과해 2400만 관(貫)에 달했다. 시가는 액면가의 10퍼센트 이하로 떨어졌다. 이후 금나라, 원나라, 명나라 모두 지폐를 발행해 백성을 착취했다. 그 결과 직접적으로는 경제위기를 초래했고, 간접적으로는 정부의 붕괴와 정권교체를 야기했다. 인플레이션과 관련된 문헌 기록은 찾아보기 어렵지만, 지폐 대명보초(大明寶鈔)가 심각한 위기를 초래해 이를 폐지한 뒤 중국은 오랫동안 지폐 발행을 금지했으며 경제도 은본위를 기초로 했다.

지폐를 발행하는 거의 모든 국가는 인플레이션의 역사가 있다. 때로는 악성 인플레이션의 경험도 있다. 중국 금융박물관에는 제2차 세계대전 이전의 독일, 중화민국 시기의 중국과 얼마 전 짐바브웨의 악성 인플레이션 지폐 원본이 전시되어 있다.

제1차 세계대전 이후 서방국가들은 경제 침체기에 접어들었다. 1920~1921년 유럽 전역의 제조업은 9.5퍼센트 하락했고, 영국의 실업률은 11퍼센트에 달했으며, 미국의 실업률은 11.5퍼센트였다. 패전국인 러시아와 독일에는 이보다 더 심한 경기침체가 불어닥쳐 악성 인플레이션이 발생했다. 그중 독일의 악성 인플레이션의 영향으로 1919년 1월부터 1923년 12월까지 물가지수는 262에서 126,160,000,000,000까지 무려 4,815억 배나 폭등했다. 이를 '가장 전형적인 인플레이션'이라 부른다.

당시 패전국인 독일 정부는 세금으로 전쟁배상금을 지불하기에는 한계가 있자 화폐를 마구 찍어 냈고, 이로 인해 물가가 폭등하게 되었다. 통화 발행을 통해 재정수지 균형을 유지하는 것은 매우 무책임한 태도였지만, 이는 당시 독일로서는 안팎으로 처해진 정치적 문제를 해결할 수 있는 유일한 궁여지책이었다. 물론 결과는 참담했다. 독일은 인플레이션으로 인해 모든 임금을 일급으로 지급해야 했다. 이와 관련된 한 일화에 의하면, 당시 근로자들은 임금을 받을 시간이 가까워지면 준비운동을 하며 몸을 풀다 돈을 받자마자 시장이나 상점으로 전력 질주했다. 1분이라도 늦으면 물가가 몇 배나 뛰었기 때문이다. 독일의 악성 인플레이션은 결국 나치의 등장에 큰 영향을 미쳤다.

최근 들어 가장 유명한 악성 인플레이션을 경험한 나라는 짐바브웨다. 2008년 7월 짐바브웨는 액면가 1,000억 원짜리 지폐를 발행했다. 정부 발표로는 인플레이션율이 2,200,000퍼센트에 달했다. 시작은 로버트 무가베 대통령의 강경한 태도가 초래한 수출입 무역의 감소였다. 그 후 정부는 이로 인한 재정적자를 메우기 위해 지폐를 남발했다. 그 결과, 인플레이션과 상품 공급 부족이라는 이중고에 시달려 많은 상점이 폐업했고 실업률이 상승했다. 짐바브웨 정부는 경제 회복을 위해 화폐 공급을 늘렸고, 결국 기록적인 인플레이션율을 기록했다. 더 참혹한 것은 얼마 후 이 기록이 깨졌다는 것이다. 2008년 11월 짐바브웨 월 인플레이션율이 79,600,000,000퍼센트에 달해 1946년 헝가리에 이어 세계 경제사를 통틀어 2위를 기록했다. 10년 동안 악성 인플레이션에 시달리던 짐바브웨는 2009년 마침내 자국화폐를 포기하고 달러를 선택했다. 그러자 경제는 서서히 안정을 되찾았고 회복되기 시작했다.

사실 미국 같은 슈퍼 경제대국도 인플레이션과 수시로 싸워야 한다. 1930년대 대공황이 닥쳤을 때 미국 연방준비제도이사회는 인플레이션에 맞서 금값을 올리기로 했다. 1온스에 20.67달러 하는 것을 35달러로 올려 달러를 대폭 평가절하했다. 제2차 세계대전 이후 1950년대 말과 1960년대 초 미국의 통화정책과 계속 늘어나는 방대한 달러 보유고를 걱정하는 외국 중앙은행 때문에 달러는 압박을 받기 시작했고, 미국 정부는 부분적으로 통제나 정부 간섭을 통해 대응했다. 황금 태환이나 미국 채권시장, 이자평형세 등을 보류했고, 마침내 임금과 물가도 관여하기 시작했다. 1971년 미국 정부는 금본위제 폐지를 선언했으며, 이로써 달러와 황금은 백은과 완전히 분리되었다. 이때부터 달러 지폐를 소지한 사람은 은행에서 황금이나 백은으로 바꿀 수 없었다. 달러 가치를 유지해 주는 유일한 기준은 미국 정부의 신용이었다. 오늘날 황금대 달러의 가격은 달러가 당시에 비해 수십 배나 평가절하된 상태다.

금속화폐를 쓰든 금속으로 태환할 수 있는 지폐를 쓰든, 아니면 지금처럼 전적으로 정부의 신용에 의지한 지폐나 전자화폐를 쓰든 간에 거래 수요, 비축 수요, 이보다 더 복잡한 수요(이를테면 화폐 수집가)를 결정해 적절한 공급량을 제공하는 것은 모두 복잡한 과정이다. 시장이나 정부는 물론 동종업계도 솔루션이 있을 것이고, 국제적인 협상을 통한 해법도 있을 것이다. 발전 수준이 다르기 때문에 시장이나 정부, 동종 업종은 각기 다른 역할을 한다. 솔루션은 경제 발전, 시장 붕괴, 정부 파산 등 다양한 결과를 초래한다. 이는 인류사회가 발전하는 하나의 과정이다. 학술적인 관점이나 각종 정책,

효과에 대한 판단은 다이내믹한 금융발전 역사를 구성하는 요소들이다.

인류는 역사에서 교훈을 얻지 못하고, 역사는 여전히 현실로 자리잡고 있다. 이것이 바로 우리가 시종일관 역사적으로 발생했던 인플레이션의 원인에 주목하는 이유다.

제3장

송나라 교자와
유럽 지폐의 역사

강한 정부는 강한 화폐를 만들고
강한 화폐는 정부가 사회자원을 동원하고
경제에 관여하는 중요한 수단이 된다.
중국의 사회적 분위기와 우연히 맞물려 화폐가 출현했지만,
이는 미래 중국 경제의 발전구조를 예견한 것이기도 했다.

지폐의 등장

2600년 전, 지금의 터키 서부인 리디아에서 인류 최초의 금속화폐가 탄생했다. 그리고 약 1000년 전 중국의 성도에서 지폐가 처음 생겨났다. 금융사에서 지폐의 발명은 중요한 상징적 의미가 있다. 그것은 화폐화 수준, 거래 수단의 복잡성, 종이의 발달, 세심한 관리 등을 보여 줌은 물론 정부의 신용과 사회 번영 수준을 보여주는 것이기도 하다. 구미국가들은 모두 산업혁명이 시작된 17세기 말이 되어서야 지폐를 사용하기 시작했다. 그러나 중국은 너무 일찍 지폐를 사용한 것이 오히려 문제가 되었다.

앞에서 언급했듯이 960년에 건국되어 965년에 촉나라를 합병한 송나라는 현지에서 줄곧 유통되던 철전 대신 동전을 사용하게 하고, 세금도 동전으로 납부하게 했다. 그러나 동광이 부족한 사천(四川) 지역은 철전 대신 동전을 사용하게 하자 동전 값이 올랐다. 유통화폐가 줄고 시장이 한산해지자 경제가 위축됐다. 그러자 상인들은 거래의 편의를 위해 '교자포호(交子鋪戶)'를 만들었다. 상인들은 자금을 맡기고 사용할 때에는 수수료를 내고 보관증에 해당하는 '교자'

를 받았는데, 이는 거래에 이용하는 어음을 말한다. 교자와 교자포호는 점포나 포호의 신용을 기반으로 민간 상인이 관리했다. 교자는 어음처럼 시장에서 담보나 양도가 가능했고, 동전과는 별도로 유통되었다. 교자 덕분에 거액 거래가 손쉬워졌고, 동전 사용이 줄어들었다. 위조나 사기 사건이 가끔 발생하기는 했지만 대부분 교자 사용을 환영했다.

교자가 유행하자 정부가 관심을 보이기 시작했다. 1005년 전쟁이 끝난 뒤여서 금속이 부족하고 경기가 침체되어 있어 익주(益州, 지금의 성도)지부 장영(張詠)은 점포 16곳을 선발해 일괄적으로 어음을 인쇄하고 인장까지 찍어 정부 신용을 담보로 하는 통일교자를 발행했다. 정부의 신용으로 상업기관의 신용을 담보했으므로 교자는 당연히 성공을 거두었다. 어음은 발행점포의 신용이나 지불능력과 관계없이 지불수단이 되었고, 점포의 거래 범위를 넘어 정부가 관할하는 지역이 곧 법정 지불수단이 유통되는 지역이 되었다.

북송 조정은 교자를 성공적으로 발행하기 위해 완벽에 가까운 관리법규와 정책을 발표했다. 내용을 보면 다음과 같다. 첫째, 교자의 유통기한은 2~3년을 1계(界)로 하고 '태계(兌界)'라고 하여 만기 후 반드시 다음 계로 교환해서 사용해야 했다. '태계'를 하는 이유는 닥종이로 만들어 훼손이나 위조가 쉬웠기 때문으로 보인다. 둘째, 각 계의 발행량은 1,256,340관(貫)으로 제한하고 액면가는 1관, 5관, 10관이었다. 셋째, 교자를 발행할 때 반드시 일정량의 충당금을 확보해 지폐가 원활하게 교환되도록 했다. 넷째, 개인의 교자 발행을 금지했다. 이를 위반하면 형사처벌을 내렸고, 이를 알고 사용하거나 알고도 고발하지 않으면 모두 감금형에 처해졌다. 다섯째, 유통 지역을 제한했다. 처음에는 사천 지역에서 유통하다가 나중에 섬서(陝西)와 경서(京西) 지역까지 확대했다.

1023년, 정부는 교자전문관리기구인 '익주교자무(益州交子務)'를 설립하고, 이듬해 전국 통일교자를 발행했다. 첫 발행량은 1,256,340관으로 충당금은 29퍼센트에 해당하는 360,000관(사천의 철전을 기준으로 삼았다)이었다. 세계 최초의 지폐가 이렇게 탄생했다.

이와 관련된 역사서 기록을 보면, 교자보다 300여 년이나 앞서 중국 당나라 때 화폐처럼 쓰이던 '당비전(唐飛錢)'이라고 하는 상업어음이 있었다. 이는 점포끼리의 거래증서로만 쓰였을 뿐 현금지불용은 아니었다. 예를 들어 B점포는 A점포로부터 물품대금을 받아 C점포에 지불해야 하는데, A점포가 지불을 못하면 그것을 받아 C점포에 지불해야 하는 B점포는 채권자이자 동시에 채무자가 된다. 이럴 경우 B점포는 A점포와의 차용증서를 C점포에게 주어 지불을 대신할 수 있다. 이렇게 돌고 돌아 마지막 점포까지 가면 그 점포는 차용증서를 현금으로 교환했다. 이것은 화폐의 기능은 있으나 일반 소비자들은 사용하지 않고 점포나 업계 내에서만 유통되었고, 정부의 지원이나 구속도 없었다. 따라서 이는 화폐라기보다는 업그레이드된 상업어음이라 할 수 있다. 이와 달리 교자는 정부의 배서[13] 후 발행되었기에 진정한 지폐의 탄생을 알리는 기념비적 사건이라 할 수 있다.

교자가 주는 긍정적 효과에도 불구하고 북송 정부는 발행량을 제대로 관리하지 못했다. 거액의 재정지출이 필요하면 권력을 믿고 지폐를 남발했다. 일례로 인종(仁宗) 경력(慶歷) 연간(1041년~1048년), '익주교자무'는 충당금도 없이 섬서에서 60만 관을 발행해 군량과 마초를 지급했다. 교자의 남발과 정부의 신용 하락으로 인플레이션이 발생했고, 빈곤과 허약에 시달리던 북송 정부는 결국 패망의 길을 걷게 됐다.

1069년, 사회와 경제가 모두 어려워지자 승상 왕안석은 부국강병을 이유로 개혁을 단행했다. 정치, 경제에 대한 국가의 통제력을 강화하는 데 지폐는 중요한 수단이 되었다. 왕안석은 세금을 화폐로 받고 동전과 지폐 발행량을 늘리자고 했다. 교자를 남발해 액면가가 10퍼센트 이하로 평가절하되자 국가기관은 새로운 지폐인 '전인(錢引)'과 소금이나 차 등의 상품과 연계된 염초(鹽鈔), 군수품과 연계된 각종 대금권(代金券) 등 다양한 지폐를 동시에 유통했다. 이로 인해 한때 중국은 지폐 발행이 최고조에 달했다.

13 '어음의 수취인 혹은 보유자가 어음을 양도할 때 어음 뒷면에 이서하거나 서명하는 절차를 말한다. 이서하는 사람은 해당 어음에 대해 일정 부분 보증과도 같은 상환의 의무가 있다. 따라서 후에 담보나 보증 등의 의미로 쓰이게 되었다. 즉, 자신이 한 말이나 행동에 대해 보증하거나 담보한다는 의미다.

왕안석이 추진한 경제개혁은 사실상 지방정부나 개인이 발행하는 지폐를 대신하는 전국 통일지폐를 발행하는 것이었다. 이를 위해 다음과 같은 조치를 취했다. 첫째, 관리의 녹봉과 군인들의 보급품을 모두 정부가 발행한 지폐로 지급했다. 둘째,

토지 보상 시 정부의 지폐를 사용했다. 셋째, 정부발행지폐를 전국 적으로 유통시키기 위해 정권이 미치는 지방도 모두 중앙정부의 지폐를 쓰도록 했다. 무질서한 발행체계와 외부의 침략으로 정부의 관리체계가 위태로워지면서 왕안석의 개혁은 결국 실패로 돌아갔다. 이로 인해 정부의 신용은 실추되었고, '자금 부족'을 느낀 국민은 동전을 모으기 시작했다. 왕안석은 개혁으로 사회 경제 상황을 바꾸고자 했지만, 오히려 지폐의 평가절하와 경기침체 악화라는 결과를 불러왔다.

그러나 당시에 교자만 있었던 것은 아니다. 북송과 남송 시기, 상업이 발달하고 정치가 혼란스러운 틈을 타 다양한 상업어음이 화폐로 쓰였다. 예를 들어 항주(杭州)에는 상인들이 거래에 이용하는 '회자(會子)'라는 증서가 있었는데 주로 물건 판매, 외상, 담보 등의 거래에서 생겨났고 민간에서는 동전 대신 사용했다. 정부에서는 이런 지방 지폐를 금지했지만 통하지 않았다. 1160년, 항주 지부 전단례(錢端禮)는 교자의 경험을 토대로 회자 관리를 위해 회자고(會子庫)를 만들었다. 정부가 발행한 회자는 한때 강남 일대에서 유행했다.

송나라가 망하고 새로 들어선 왕조인 금(金)나라와 원(元)나라는 자원과 재물을 약탈하기 위해 '교초(交鈔)'와 '중통원보교초(中統元寶交鈔)'라는 지폐를 발행했는데 액면가는 계속 올라가고 은 함량 가치는 계속 떨어졌다. 이들 국가는 금은본위제와 장부은본위제(記帳銀本位) 등 통화 안정을 위해 다양한 시도를 했다. 하지만 안팎으로 불안한 정세와 심각한 인플레이션으로 경제는 거의 붕괴 직전에 이르렀고, 금은화폐는 모두 민간으로 숨어들어가 원나라 말기에 이르자 시장은 원시시대 물물교환 수준 정도로 퇴보하고 말았다.

왕안석은 개혁을 하는 동안 화폐의 규율을 인식하게 되었지만, 결국 실패하고 만 이유는 눈앞의 이익과 역사 발전이라는 거대한 조류 때문이었다. 중국의 진정한 악성 인플레이션은 금, 원나라 때 발생했다. 금, 원나라는 모두 농경민족이 아닌 유목민족인 까닭에 그들에게 경제란 곧 변경에서의 약탈이었다. 그러나 중원으로 진입한 후 원가도 별로 들지 않는 종이로 물건을 바꿀 수 있다는 사실을 알게 되었다. 하지만 종이 뒤에 숨겨진 비밀은 알지 못했다. 역사 기록에 따르면, 원나라 황제가 인플레이션이 발생했을 때 군대의 보급품을 지폐로 지급했고, 이에 분노한 군인들이 수도로 쳐들어와 도시를 약탈했는데 이런 상황에서 황제가 도망가다 실종되었다.

중국과 유럽 지폐의 차이점

1368년, 주원장(朱元璋)은 명(明)나라를 세우고 다시 동전본위제를 채택했지만 동광이나 화폐 공급이 원활하지 않아 어쩔 수 없이 '대명보초(大明寶鈔)'를 발행했다. 이는 재정수지 목적을 위해서만 사용이 가능했고, 동전이나 다른 귀금속으로 태환하는 것은 금지되었다. 그러나 300년 동안 정부가 무절제하게 지폐를 발행해 왔기 때문에 민간에서는 지폐를 신뢰하지 않았다. 그래서 지폐는 민간

시장 진입은커녕 처음에는 정부와 군대에서조차도 사용을 꺼렸다. 200여 년 동안 근근이 명맥을 유지하던 '대명보초'는 1522년 끝내 황제의 명으로 폐지되었다.

백은이 다시 역사의 무대에 등장하며 중국 시장에서 주요화폐로 자리잡았다. 그런데 중국에서 매장량은 부족한데 반해 백은의 수요가 점점 늘어날 무렵 공교롭게도 세계는 백은시대로 접어들었다. 무역을 통해 라틴아메리카, 일본, 동남아시아에서 중국으로 은이 계속 유입되었고, 중국의 도자기, 찻잎, 비단, 옷감 등 다양한 수공업 제품이 세계 각지로 수출되었다. 이후 민간 밀무역이 활성화되면서 빗장이 꼭꼭 닫혔던 대국의 문이 열리기 시작했다.

제지술처럼 지폐의 개념도 중국에서 유럽으로 전파되었다. 당시 동양을 여행하던 이탈리아 탐험가 마르코 폴로와 로마 교회의 수도사인 윌리엄 루브룩을 통해 중국의 지폐가 유럽에 소개되었다. 그들이 보기에 중국의 상업어음은 정부가 담보하지만 서양의 상업어음은 발행 상점이 담보한다는 점이 달랐다. 몇백 년이 지난 후 유럽의 상업어음도 지폐로 바뀌기는 했지만, 여전히 상업신용을 기반으로 발행되다가 최근 100년 전부터 각국의 중앙은행이 추인하기 시작했다.

유럽의 첫 지폐는 1661년 스톡홀름 은행(스웨덴 은행의 전신)이 발행했다. 그러나 발행량이 많아 금속화폐로 태환이 불가능했고, 은행은 3년 만에 문을 닫았다. 미국의 지폐는 1690년대 식민지 은행이 처음 발행했고, 프랑스는 1720년경 스코틀랜드 사람인 존 로의 주도로 프랑스 은행이 처음 발행했다. 중국은 청나라 말 1860년대 다시 지폐가 생겨났지만, 역사적인 교훈으로 유통이 지지부진하다 1935년에 국민정부의 화폐개혁으로 마침내 국민의 진정한 거래수단이 되었다.

선진화된 화폐는 정부의 엄격한 통제 속에 시대를 초월하며 사용되었지만, 몇 가지 폐단을 낳았다. 첫째, 화폐와 실물 경제 또는 소비력과의 자연스런 연계가 조기에 단절되었다. 화폐는 정부의 통치 수단이나 시장을 통제하는 수단으로 변질되어 오히려 화폐의 비화폐화를 초래했다. 둘째, 화폐기능이 조기에 소실되자 금융화폐와 법정화폐가 분리되고, 시장에는 금속화폐가 부족하고 정부는 지폐를 남발해 결국 정부의 권력 기반을 무너뜨렸다. 송, 원 정부의 멸망은 악성 인플레이션과 깊은 관계가 있다. 셋째, 경기부양을 위해 선택한 지폐가 눈앞의 이익만 좇는 행위와 대국 부상이라는 환상이 만나 일시적으로는 경기를 부양했는지 모르지만, 역사적으로는 정부와 사회의 신용을 무너뜨리는 결과를 가져왔다. 악성 인플레이션을 경험한 프랑스, 독일, 중국은 모두 상처 치유를 위해 오랜 시간을 소비해야 했다.

중국과 유럽의 지폐 생산 및 발전을 비교해 보면, 우선 중국 정부는 유럽보다 훨씬 힘이 있었다. 군권, 정권을 모두 정부에 집중해 막강한 권력을 쥐고 있었다. 반면, 유럽은 국가가 분열되어 있고 내부적으로 교회와 황권이 분리되어 있어 정부에 대한 신뢰는 중국만 못했다. 중국에서는 정부의 신뢰를 얻지 못하면 곧 죄를 지은 것을 의미했지만, 유럽에서는 시장이 정부를 신뢰하지 않으면 정부가 파산했다. 화폐의 관점에서는 정부의 신용만 있으면 화폐라 부를 수 있었다. 그러나 화폐를 통일한 중국은 화폐의 영향력이나 인플레이션 발생 가능성 모두 유럽을 능가했다. 유럽의 '소국과민(小國寡民: 작은 나라와 적은 백성을 지향하는 노자의 국가관)'식의 지역형 화폐는 국가 간 무역에서 반드시 금이나 은으로 결제해야 했는데, 이 또한 인플레이션을 억제한 객관적 요인이라 할 수 있다.

또 다른 차이점은 초기 유럽은 지폐 교환 이외에 무역이나 보험, 용병 간의 교환 등 다른 융자 수단이 있었다. 상품경제가 발달했던 유럽에서는 다양한 융자 수단이 있어 인플레이션이 잘 통제되었고, 리스크도 잘 분산되었다. 이는 안팎의 힘겨루기가 없고 강한 정부가 화폐를 발행하거나 인플레이션을 유발하지 않았기 때문에 그것이 화폐를 만들어 발전시키는 것만큼 힘이 있음을 엿볼 수 있다. 유럽의 약세 화폐와 중국의 강세 화폐를 비교해 보면, 강세 화폐는 정부가 사회자원을 동원하기 위한 수단으로 이용되어 정부의 경제 관여가 한층 강화됐다. 반면 서양의 약세 화폐는 정부가 사회경제에 관여할 수 있는 여러 수단 중의 하나였기 때문에 다른 금융 수단이 발전할 수 있는 여지를 마련해 주었다. 그래서 보험제도나 연금제도, 채권, 장기자본 시장 등이 발전했다.

중국과 유럽의 화폐 발전 과정을 비교해 보면, 중국의 국가 형태가 공공경제를 부양한 면도 있지만, 반대로 민간 경제와 다원 경제의 발전을 억압했음을 알 수 있다.

제4장

돈의 유혹에 사로잡힌
십자군 원정과
문명의 이전

십자군이 가는 곳마다 잔인한 살육과 야만스런 약탈이 자행되었지만,
상업문명은 알게 모르게 서로 융화되었다.
원정은 결국 실패했고 동양으로 향하는 새로운 길을 찾아 나선
유럽인들은 대항해 시대를 맞이하게 되었다.

십자군 원정의 발발

약 200년 동안 1,000만 명이 동원된 십자군 원정은 유럽과 아시아, 아프리카 대륙에 피비린내 나는 살육과 전쟁을 일으켰다. 몇 년 전 필자는 예루살렘을 여행하며 십자군 전쟁의 발자취를 둘러보았다. 함께 설명을 들었던 아랍인과 가톨릭 신자, 기독교 신자 또는 무신론자 모두 문명을 파괴하는 행위를 비난했다. 그러나 역사서와 자료를 보며 십자군 원정과 관련된 미심쩍은 이야기들은 다시 해석할 필요가 있다고 느꼈다.

1000년 무렵, 로마 제국의 몰락을 경험한 유럽은 기독교의 중심지가 되어 종교 세력이 세속적인 권력에 맞서 대중의 지지를 받고 있었다. 종교로 회귀하자는 클뤼니 운동[14]은 유럽 민중의 가치관과 부에 대한 사고를 기독교 교의나 성지순례와 밀접하게 연결하도록 이끌었다. 동시에 사회에도 큰 변화의 바람이 불었다. 첫째, 생산성과 상품경제가 발전했고, 수공업이 농업에서

> **14** 클뤼니 운동: 10세기 말에서 11세기 가톨릭 교회 내부에서 일어났던 개혁운동. 프랑스 클뤼니 수도원을 중심으로 일어나 이렇게 이름 지어졌다.

분리되었다. 봉건영주는 더 많은 토지와 부를 갈망하는 한편 정치, 경제적 세력 확대를 위해 총력을 기울였다. 둘째, 서유럽에서 장자 상속제도가 시행되어 유산을 상속받지 못하는 많은 귀족은 순수한 '기사(騎士)'가 되어 대부분 군 복무나 행상으로 생계를 유지했다. 셋째, 서유럽 특히 베네치아, 제노바, 피사의 도시상인들은 아랍과 비잔틴으로부터 지중해 동부 지역의 무역항구와 상품시장을 빼앗으려 했다. 이 밖에도 봉건영주의 박해와 굶주림에 지친 농민들은 기아와 봉건의 굴레에서 벗어나기 위해 발버둥 쳤다.

봉건 공국(公國)이 난립하고 농촌이 도시화되면서 영토 분쟁과 종교 박해, 가족 간의 분쟁이 끊이지 않았고, 유럽 각지를 떠돌아다니는 기사와 농민이 많았다. 기독교에서 말하는 '밀레니엄 종말론'은 신도와 민중에게 자신의 운명을 바꿀 수 있는 절호의 기회로 인식되었고, 예루살렘 성지순례는 필수적인 속죄의 수단이었다.

당시 예루살렘은 300여 년이나 이슬람의 통치를 받으며 이슬람교의 성지가 되었다. 이슬람교와 기독교는 이미 중유럽에서 영토전쟁을 치르며 서로에 대한 적대감이 심각한 상태였다. 이슬람교의 극단주의자들은 보복을 목적으로 1009년 예루살렘의 모든 기독교 예배당과 유대교 예배당을 파괴하고 기독교 신자들의 성지순례 길을 봉쇄했으며, 1071년에는 비잔티움 제국의 군대를 무찔렀다. 이에 비잔티움 군대는 어쩔 수 없이 로마 교황청에 구원을 요청했다.

모두 기독교를 신봉했지만 이스탄불을 중심으로 한 비잔티움과 멀리 서쪽에 있는 로마 교회는 신학 사상과 권력을 둘러싸고 분열되어 1054년부터 다른 길을 걷고 있었다. 그 결과 서양의 천주교와 동양의 동정교(東正敎)의 양 갈래로 나눠졌다. 비잔티움의 구원 요청으로 로마 교황청은 동진할 수 있는 기회가 생겼다. 이 밖에도 기독교로 귀의한 노르만인이 아랍인들로부터 시칠리아 섬을 수복했다. 또한 이탈리아 연안에서 국제무역을 하는 상인과 공화국 함대는 모두 지중해와 아랍인들이 장악하고 있는 홍해에서 정치적, 상업적으로 우위를 차지하려고 했다. 이 지역은 당시 세계 최대의 국제무역 허브였기 때문이다.

이런 사회적 변화와 종족간의 갈등, 종교적 대립, 상업적 기대 등이 혼재된 상황에서 1095년 로마 교황 우르바누스 2세는 이탈리아와 프랑스에서 종교집회를 열었다. 그는 기독교인들에게 십자 휘장을 상징으로 하는 성전을 조직해 예루살렘으로 진군해 이슬람교가 차지한 성지를 되찾아오자고 호소했다. 프랑스의 클레르몽 종교집회가 끝난 후 우르바누스 2세는 기독교인들이 동양에서 겪은 고통과 돌궐족의 '폭행'을 수차례 언급하며 탐욕스런 영주, 호전적인 기사, 모험적인 상인과 맹목적인 농민들에게 다 같이 무기를 들고 이교도를 물리치고 자신들의 성지를 찾아오자고 선동했다. 그는 또 원정에 참가하는 사람은 모두 죄를 용서받을 것이고, 죽은 후에 천당에 갈 수 있다고 했다. 이렇게 종교적인 감성을 자극하고 물질로 유혹해서 유럽 각계각층의 사람들이 십자군 전쟁에 뛰어들게 되었다.

1096년 십자군은 이슬람교도를 상대로 무려 200년에 달하는 기나긴 종교전쟁을 시작했다. 이 전쟁은 1291년이 되어서야 끝이 났다. 아랍세계에서는 프랑스가 앞장서서 일으켰다고 해서 '프랑크의 침략'이라 부른다. 십자군은 종교 수호와 성지 탈환을 명분으로 내세운 전쟁이었지만, 실질적으로는 재물 약탈과 영토 분할을 위한 야만적인 원정이었다.

십자군 원정은 모두 아홉 차례에 걸쳐 이루어졌다. 1096~1099년까지의 10만 명이 참가했던 제1차 원정이 유일하게 승리를 거둔 원정이다. 1097년 군대는 이스탄불에 집결해 바다를 건너 소아시아로 진입해 셀주크투르크인[15]의 수도 이고니온(지금의 콘야) 등을 점령하고 약탈했다. 1099년 7월 15일 예루살렘을 점령한 후에는 유럽 국가 모델에 따라 지중해 연안 점령지에 봉건국가를 세웠다.

1202~1204년에 끝난 제4차 원정은 교황 인노켄티우스 3세(교황 재위 1198~1216년)의 요청으로 프랑스와 이탈리아 귀족들이 중심이 되었으며, 목적은 이집트 점령이었다. 흥미롭게도 이집트로 건너가기 위해서는 베네치아에 돈을 지불해야 했는데 자금이 부족했다. 대신 베네치아 귀족의 건의를 받아들여 십자군은 자라[16]를 공격하고 비잔티움 내전을 틈타 이스탄불을 침공해 3일 동안 약탈과 살육을 자행했다. 이번 원정으로 무슬림을 파괴하지는 못했지만 베네치아는 비잔티움 제국 영토의 8분의 3을 점령했고, 십자군은 이스탄불을 중심으로 라틴 제국과 이스탄불에 속한 라틴 제국의 부속국가인 아테네 공국과 아카이아 공국을 건설했다.

---

15 셀주크투르크인: 극동 지역인 중국 변경 지역에서 활동하던 돌궐족의 후손, 서돌궐 한국(汗國) 오구즈 부락 중의 하나.

16 자라: 지금의 크로아티아 자다르

십자군 원정대는 조직체계가 혼잡했다. 프랑스, 독일, 영국, 로마 교황청 등 교황과 황제가 직접 통솔하는 정규부대가 있었는데, 이들은 토지를 약탈하고 재산을 갈취했다. 이 밖에도 몰락한 귀족과 기사, 집을 잃고 떠도는 평민들이 대거 합세했다. 수만, 수십만 명이 곳곳에서 예루살렘으로 쳐들어갔지만 재정이나 후방의 지원도 없고, 진격 노선이나 구체적인 일정도 없이 그저 길을 따라가면서 약탈했다. 성공하면 현지 주민과 도시에 엄청난 재앙이 뒤따랐고, 실패하면 군대는 뿔뿔이 흩어지고 유린당했다. 1099년에 십자군은 예루살렘에 입성해 7일 동안 아랍인과 유대인 수만 명을 학살했다. 1202년, 제4차 원정 당시 로마 교도들은 같은 교도인 동정교의 성지인 이스탄불에서 잔혹하고 악랄한 살육을 감행하고 수많은 금은보화를 약탈했다. 1291년, 제9차 원정 때 예루살렘의 주인이 다시 아랍인으로 바뀌고 이로써 십자군 원정은 완벽하게 패배했다.

십자군 원정의 진정한 원인은 사람들의 부에 대한 갈망

십자군 원정은 서양 역사에서 야만적인 종교전쟁으로 안 좋게 평가되지만, 동서양의 문명을 변화시키고 교류가 이루어졌다는 점에서는 달리 해석이 가능하다. 시칠리아 섬과 예루살렘에 가 보면 의복, 관습, 상품, 종교, 예술, 기술 등 다양한 분야에서 기독교와 이슬람교의 혼합된 문화가 존재하고 있음을 엿볼 수 있다. 오늘날 많은 역사학자가 시대와 지역을 초월한 충돌과 문명의 전이는 선진의 동양문명이 유럽에 전파되는 계기가 되었고, 영주봉건제도를 무너뜨렸으며, 르네상스를 일으켜 상업과 산업혁명을 이끌었다고 평가한다. 다음과 같은 평가를 하는 외국 학자도 있다. "십자군 원정은 유럽이 오랜 기간 침략했다는 지울 수 없는 역사적 기억을 남겼다. 그 영향은 심각했다. 당시 세계에서 가장 강하고 활력이 넘치는 무슬림 문명에 십자군 원정은 이슬람 세계를 파괴하고 무슬림의 믿음을 뒤흔든 사건이었다. 그러나 유럽의 입장에서 보면 어둡고 고립된 시대에서 개방의 현대세계로 접어드는 시발점이었다." 앞으로도 십자군 원정에 관한 논쟁은 오랫동안 지속될 것이다.

그러나 이 책은 십자군 원정과 관련해 그동안 별로 주목받지 못했던 화폐와 부의 각도에서 원인과 영향을 분석하고자 한다. 이는 십자군 원정의 중요한 동인이었음에도 주목받지 못한 부분이다.

첫째, 중세 후기부터 유럽경제가 회복기에 접어들며 농촌경제가 도시화되고 화폐 수요가 증가했다. 그러나 금광이 부족해 기독교회는 금화나 은화를 녹여 금 쟁반이나 교회의 성물을 만들었다. 그 당시 주요화폐인 은화는 매우 귀했다. 당시 가장 활발히 활동했던 이탈리아 상인은 유럽 남부와 시칠리아 지역에서 아랍인과 상품교역을 하며 금은화를 벌어 부호가 되었다. 때문에 유럽 각지에 있는 기사와 귀족의 질투와 동경을 한 몸에 받았다. 동양에 금이 있다는 소문과 벼락부자가 될 수 있다는 기대에 부푼 많은 사람이 십자군 원정에 참여했다. 이는 가장 주된 이유라 할 수 있다.

십자군 원정에 참여했던 몰락한 귀족이나 기사들은 결국 유럽으로 돌아오지 못했다. 특히 유럽에서 토지를 상속받을 기회조차 없는 사람들은 동양의 성지에 남아 군사, 문화, 상업 기지를 만들었다. 제1차 원정 후 요새가 만들어졌는데, 유럽 봉건제도를 그대로 옮겨놓은 듯한 모습이었다. 이들은 전쟁을 통해 서방세계에서 잃은 것들을 동양세계에서 되찾았다.

둘째, 유럽과 이슬람 세계의 접점에 위치한 비잔티움 제국은 오랜 시간 지중해 연안을 지배한 강국이었다. 500년 가량 유통된 베잔트(Bezant)라는 금화는 유럽과 아랍 국가의 무역을 주도했다. 이는 유럽 각국에서도 안정된 하드커런시로서 인정받아 '중세의 달러'와도 같았다. 동시대에 필적할 만한 또 다른 초강국 페르시아 왕국은 이란과 이라크를 장악하고 있었는데, 긴 역사를 가진 안정된 은본위제도를 채택했다. 두 강대국은 당시 세계에서 가장 문명이 발달하고 많은 부를 축적한 문명 제국이었다. 하지만 군사적으로 취약해 유럽 각국이 수시로 넘봤다.

십자군 원정 기간 동안 비잔티움 제국의 군사구역 제도는 붕괴 위기에 놓였다. 장군이 황족의 내부 투쟁에 개입하는 사건이 수차례 발생하자 바실리우스 2세(958~1025년) 이후 역대 황제들은 모두 군사구역과 세습부대를 해산해 군사귀족의 발전을 저지했다. 그들은 용병으로 직업군대를 대체하고, 군비를 삭감해 군인 세력을 약화시켰다. 이러한 조치에 화가 난 군사귀족은 쿠데타를 일으켜 내부적으로 악순환이 초래되었다. 비잔티움 제국은 외부의 침략에 대항할 힘이 없었다. 국가의 재정은 악화 일로로 군비를 한층 더 삭감할 수밖에 없었고, 이는 대외적인 악순환을 초래했다.

비잔티움 제국은 원정 이전에는 돌궐족이 소아시아를 점령하고 있어 흑해 연안의 상업거점을 잃었고, 새롭게 부상하는 베네치아, 제노바, 카탈루냐 상인과의 경쟁에서도 밀렸다. 노르만인이 그리스 남부의 테베와 코린토스에 있는 비단공업단지를 공격해 양잠사와 비단 장인을 시칠리아로 끌고 가 비잔티움의 비단에 대한 독점적 지위는 약화되었다. 제4차 원정으로 비잔티움의 상업적 지위는 완전히 파괴되면서 지중해의 무역 구도가 바뀌었다. 비잔티움 제국 말기에 일어난 몇 차례 황실 투쟁에서는 황위를 노린 자가 자금을 확보하기 위해 수시로 상업무역 특권을 담보로 제공했다. 동양에서 온 상품이 집결하는 이스탄불과 트라브존은 베네치아에 동지중해의 상업거점 지위를 빼앗겼다. 14세기에 이르러 비잔티움의 상업은 완전히 위축되었다.

셋째, 7세기부터 무함마드는 이슬람교의를 창시하고 메디나 성지에 무슬림 제국을 건설했는데, 300년간 페르시아 제국과 비잔티움 제국을 물리치고 신흥 강국으로 부상했다. 제국의 형성으로 상업 귀족은 통치계급 반열에 올랐고, 많은 무슬림 상인은 아시아, 아프리카, 유럽 대륙을 종횡무진하며 중개무역을 했다. 이들의 활동 범위가 한때 서유럽까지 미치면서 유럽 지역의 상업 발달에 상당한 위협이 되었다. 아랍인은 세계를 정복한 후 비잔티움과 페르시아의 금은본위제도를 계승했다. 메디나 금광 이외에 아랍국가에 가장 중요한 황금 원천은 바로 아프리카였다. 그러므로 예루살렘과 중동을 장악하는 것은 아랍인의 숨통을 조이는 것과 같았다.

넷째, 파티마 왕조 시기(909~1171년) 이집트는 아시아, 아프리카, 유럽 무역의 중심이었다. 이집트는 수단에서 가져온 황금으로 디나르를 주조해 아랍과 기독교 지역에 유통했다. 국제무역에서 거두어들인 세금은 중동과 지중해 지역의 가장 중요한 돈줄이었고, 아시아 아프리카 대륙 사이에 있는 홍해는 아시아 내륙의 페르시아 만을 대신해 가장 중요한 국제무역의 통로가 되었다. 이 통로는 알렉산드리아 항구를 통해 지중해로 들어와 동서양 문명이 서로 만나는 요충지로 유럽의 교황청, 프랑스, 독일, 영국 황제, 이탈리아 상인 모두가 가장 주목하던 상업과 부의 집결지였다. 십자군 원정으로 유럽의 신흥 상인은 드넓은 부의 세계와 연결되었다. 중동에서 사치품에 대한 수요가 증가하자 유럽은 자신들의 상품으로 수요를 충족함으로써 양모와 방직산업이 발전하는 계기가 되었다.

십자군 원정의 실패로 아랍인들은 중동과 홍해 그리고 지중해를 지킬 수 있었지만, 유럽인들은 세계로 향하는 통로가 차단되었다. 그러나 부에 대한 갈망과 모험 정신이 강했던 유럽인들은 직, 간접적으로 아랍문명과 중국문명을 받아들이고 경험했으며 산술, 항해술, 화약, 인쇄술 등의 선진기술을 습득함으로써 스스로의 경쟁력을 높였다. 동양으로 향하는 새로운 길을 개척한 유럽인들은 마침내 대항해 시대를 맞이하게 되었다.

제5장

바이킹 해적이
잃어버린 화폐에
숨겨진 수수께끼

낡은 '보물 상자'가 열리면서 은밀한 금융의 역사가 밝혀졌다.
이름만으로도 간담이 서늘해지는 포악한 민족이었지만
바이킹의 화폐와 금융시스템에 대한 이해는 오히려 해박했다.

역사무대에서 바이킹족의 활약

2007년 겨울, 보물을 찾아다니던 데이비드 웰런과 앤드루 웰런 부자는 영국 오크셔 헤로게이트에서 낡은 보물 상자를 발견했다. 1000년이 넘은 상자 안에는 은화 671개와 황금 팔찌, 은으로 만든 장식물, 은괴 등이 있었다. 고증에 따르면 이 보물은 지도자가 이곳에 묻어둔 것이었지만 이유는 알 길이 없었다. 덕분에 역사가들은 소문이 무성했던 바이킹 해적과 바이킹족에 대해 좀 더 정확히 알게 되었다. 영국의 문화부 장관 마가렛 허지는 "역사적으로 볼 때, 이는 값으로 매길 수 없는 소중한 발견이다"라고 말했다. 영국은 과거에도 한 번 바이킹 해적의 보물을 발견한 적이 있고, 유럽대륙 전체에서는 6~7차례 정도 된다. 따라서 이번에 발견된 보물 상자는 대영박물관의 중요한 소장품이 되었다. 덕분에 우리도 은화를 통해 한 민족의 흥망성쇠를 알게 되었다.

역사 기록을 보면, 바이킹(Vikings)족은 1000여 년 전 북유럽, 즉 지금의 노르웨이, 덴마크, 스웨덴 지역에 살았다. 당시 유럽인은 그들을 북방인이라는 의미로 'Northman'이라 불렀다. 바이킹족은 유목과 어업으로 생계를 이어갔으며, 조선과 항해술이 발달한 민족이었다. 6세기부터 발트 해를 통해 유럽대륙과 러시아로 왔고, 해상무역 활동을 활발하게 했다. 그러나 8세기부터 무역은 상업적 약탈과 습격으로 변질됐다. 그들은 유럽의 도시와 종교적인 장소를 습격해 재물을 약탈하고 포로를 잡아 노예로 부렸다. 심지어 영토나 도시를 한동안 점령하기도 했다. 그중 유명한 바이킹 무리가 서유럽의 대서양 연안을 따라 남쪽으로 항해하다 유럽의 심장부에서 풍파를 일으켰다. 그들은 브리태니커 섬을 약탈하고 서유럽을 침략했다. 영어의 '바이킹(Vikings)'이라는 단어는 약탈, 살육의 의미다.

바이킹족은 하나같이 훌륭한 선원이나 선장이었다. 그들은 참나무로 선체와 노를 만들고 소나무로 돛대를 만들어 큰 풍랑에도 방향을 적절히 조절할 수 있었다. 견고함을 위해 용골은 항상 원목으로 만들었다. 곡선 모양의 선두와 선미는 따로 제작해 용골 양쪽에 못으로 고정시켰다. 용골 위에 대들보를 얹어 배 전체의 윤곽을 잡고 윤곽을 따라 양쪽에 널을 붙였다. 윤곽을 따라 나무 널을 겹겹이 대고 윗장이 아랫장 가장자리와 조금씩 겹치게 했고, 맨 위층의 나무판에 작은 구멍을 만들어 5미터 길이의 노를 끼웠다. 마지막으로 바닥을 깔고 돛대를 달고 돛대 위에 금속으로 된 풍향계를 꽂았다. 닻은 선체 후미의 우측에 장착하고 돛 양쪽에는 삼노끈으로 만든 그물을 걸어 돛이 강풍에 찢기는 것을 막았다. 이렇게 만든 배는 바이킹족이 가장 애용하는 배로, 길이가 20미터 정도 됐다. 이 '용머리배'는 무게가 가볍고 선체가 좁으며 흘수 깊이가 얇아 유럽의 모든 항로를 빠르게 운항할 수 있었다. 이와는 달리 다른 나라의 배는 선체가 육중해 멀리까지 항해하기가 힘들었다.

바이킹족은 전투에도 능했다. 그들은 어렸을 때부터 말 타기, 노젓기, 수영 등을 훈련받았고, 특히 씨름 훈련을 많이 해 겨울이면 집 안에서 아랍에서 전해진 보드게임을 하면서도 공격과 방어를 했다. 수가 적은 바이킹족은 주로 치밀한 계획과 예상 밖의 습격으로 전투에서 승리를 거두었다. 그들은 죽음도 불사하며 전투에 열광해 이름만 들어도 모골이 송연해지는 '미친 전사'라는 별명을 얻었다.

행동이 민첩한 바이킹족은 뚜렷한 전략이나 협상 지도자 없이 마구잡이식 약탈과 잔혹한 살육을 자행했다. 당시 키예프, 함부르크, 파리, 바그다드, 이스탄불 등의 대도시와 영국의 모든 도시 등 많은 유럽 국가가 피해를 입었다. 8~11세기는 바이킹 해적의 시대로 불리며 지금까지도 역사와 미디어에서는 그들의 행적을 과장하고 그들을 신비한 존재로 묘사한다. 카리브 해 해적과 후크선장의 이야기에도 바이킹 해적의 그림자가 숨어 있다.

그러나 3세기 동안 마구 날뛰던 바이킹족이 서서히 조용해지며 유럽대륙에서 모습을 감추었다. 바이킹 해적의 거취에 대해 나라마다 다양한 해석을 내놓고 있다. 영국 국왕이 진압해 신복으로 삼았다는 이야기도 있고, 프랑스 문화에 심취해 동화되었다는 설, 기독교 문명에 감화되어 살인을 그만뒀다거나 농업과 상업문명이 생존과 발전에 더 유리하다는 것을 알고 변화를 시도했다는 등의 이야기가 전해진다. 각국은 다양한 각도에서 자신들의 논리와 역사적 근거를 제시하고 있다.

그럼, 금융을 잘 이해하고 있는 역사학자들은 은화에 담긴 바이킹 해적의 수수께끼를 어떻게 풀까? 보물 상자가 바이킹 지도자의 것임이 밝혀지자 학자들은 은화의 출처를 탐구하기 시작했다. 당시 영국 동북부 지역은 바이킹족에게 점령되었고, 남서부 지역은 앵글로 색슨족[17]의 천하였다. 보물 상자 속의 은화는 대부분 앵글로 색슨족이 발행한 것이었고, 은줄과 은괴도 바이킹족이 화폐로 사용했던 것이다.

은화를 통해 본 고대 무역

그런데 신기하게도 보물 상자에서는 사마르칸트[18], 아프가니스탄, 바그다드 지역의 은화도 발견되었다. 바이킹족의 흔적이 스칸디나비아 반도, 카스피 해, 러시아 대륙, 아랍 지역까지 미쳤던 것을 보면 교통이 불편했던 당시 국제 무역과 화폐가 얼마나 쉽고 빠르게 퍼져 나갔는지 가늠해 볼 수 있다. 이렇게 넓은 지역에서 사용했던 다양한 화폐가 해적의 보물 상자에 차곡차곡 쌓여 있었다.

17 앵글로 색슨족: 원래는 앵글로 (Angles)와 색슨(Saxons) 두 민족이 합쳐진 민족으로 집합명사다. 일반적으로 5세기 초에서 1066년 노르만 정복 시기 영국 동부와 남부 지역에서 생활했으며, 언어와 종족이 매우 유사한 민족이다.

18 사마르칸트: 중앙아시아의 가장 오래된 도시. 지금의 우즈베키스탄의 2대 도시. 예로부터 풍요롭고 상업이 발달한 지역이다.

고고학자는 북유럽의 무덤에서 다른 지역의 물건과 화폐를 다수 발견했다. 그러나 상인들은 백은을 더 선호해 저울을 몸에 지니고 다니며 은괴를 저울추로 사용했음을 알 수 있다. 석각이나 전설을 통해 그들의 경로를 따라가 보면 다음과 같다. 860년, 볼가 강을 따라 남하하던 바이킹족은 러시아에 도착했다. 그들은 현지의 슬라브족과 무역을 하고 노브고로드[19]에서 남하해 강을 따라 펜자로 와서 노예를 팔아 꿀과 모피를 샀다. 그러고는 다시 볼가 강을 따라 카스피 해로 들어가 낙타로 바꿔 타고 바그다드까지 와서 비단과 향료를 샀다.

고증에 따르면 바이킹족의 또 다른 무역 경로는 드네프르 강을 따라 키예프를 거쳐 흑해로 들어가 다시 와인과 비단이 풍부한 이스탄불로 가서 정교한 보석장신구를 파는 것이었다.

바이킹족의 무역 경로와 수집한 화폐를 보면 당시 바이킹족에게 점령당한 우크라이나 키예프는 중요한 중계도시였고, 이라크, 이란, 아프가니스탄에서 온 물건이 키예프와 발트 해를 지나 북유럽으로 간 것을 알 수 있다. 또한 은화의 종류나 마모 정도로 미루어 당시 무역은 직접무역보다는 릴레이식으로 이루어졌음을 알 수 있다.

보물 상자에서 나온 은화 중에는 927년 앵글로 색슨족의 국왕 애설스탠(894~939년)이 만든 것도 있다. 이 국왕은 바이킹족을 물리치고 수백 년 동안 분열되었던 잉글랜드를 마침내 한 국가로 통일해 역대

> **19 노브고로드:** 러시아의 가장 오래된 도시. 859년에 세워짐.

영국 국왕들에게 존경을 받았다.

또 어떤 은화에는 검이 아닌 망치를 들고 있는 신도 피터가 새겨져 있는데, 이는 바이킹족이 신봉하는 노르웨이교의 상징이다. 보물상자가 온전하게 보존된 것으로 보아 바이킹 지도자가 기독교를 신봉하는 요크셔를 잠시 떠나려 했던 것으로 추측된다.

로마인들이 '게르만인'이라고 부르는 일부 바이킹족은 독일, 오스트리아 일대로 이주해 고대 게르만인과 합쳐졌다. 또 일부는 프랑스 국왕이 토지와 작위를 주어 노르망디 공국의 주민으로 흡수했다. 지금의 잉글랜드인은 다수가 바이킹족의 후예다. 심지어 콜럼버스가 신대륙을 발견하기 이전 바이킹족이 이미 이 신대륙을 점령한 적이 있다고 주장하는 역사학자도 있다. 바이킹족은 유럽 대륙에서 이미 사라졌지만, 바이킹 해적은 현대문명에 무서운 존재로 인식되고 있다.

이 밖에도 바이킹 해적에 관한 이야기나 전설은 많다. 오랫동안 구전되며 널리 알려진 이야기도 많다. 그러나 필자는 민족에 관계없이 화폐가 바이킹족의 무역과 부를 축적하는 데 수단이 되었고, 수백 년 동안 게르만족, 노르만족, 잉글랜드인, 러시아인의 일부로 자리잡는 데 어떤 도움을 주었으며, 농경사회에 접어들어 생업에 종사하고 근대사에서 신대륙을 발견하고 식민자의 역할을 하는 데 어떤 도움을 주었는지에 주목하고 있다. 화폐와 금융시스템이 수백 년 동안 유럽의 민족을 융합하고 문명사를 지탱하는 데 중요한 역할을 했음은 분명한 사실이다. 그러나 애석하게도 현대사와 인류문화가 과학 발전이나 기술 발명, 정치 제도, 언어학 발전을 위해 이룩한 체계적 연구와 비교해 볼 때 금융제도에는 관심이 부족했다.

주목할 점은 과거 유럽을 정복했던 몽골족이나 오늘날의 집시를 불문하고 바이킹족과 같이 이주의식이 강한 민족은 모두 별다른 금융제도가 없었다. 몽골족이 중원을 점령했을 때 그들은 송나라의 선진화된 화폐제도를 이용해 더 많이 약탈해 결국 악성 인플레이션을 초래했다. 그러나 전 세계를 무대로 이주하는 유대민족은 모두가 흠모하는 금융 제국을 건설했으니 이는 분명 연구할 가치가 있다.

제6장

메디치 가문과 르네상스

음흉하고 저속한 금융가 메디치 가문이
막강한 재력으로 인류 문명의 이정표를 만들었다는 것은
역사적 사실이다.

큰 부를 문화와 예술에 쏟아부은 메디치 가문

중국 금융박물관에는 방문객의 눈길을 끄는 가계도가 있다. 금융과 예술의 관계를 보여 주는 이 그림을 살펴보면, 15세기 이탈리아 피렌체에서 활약했던 메디치 가문과 우리에게 익숙한 위대한 예술가와 작품이 기둥과 가지에 그려져 있다.

라파엘로, 다빈치, 미켈란젤로, 보티첼리, 도나텔로, 티치아노 등은 모두 위대한 예술가이고, 메디치 가문은 이들을 먹여살리는 후원자였다. 이뿐만 아니라 메디치 가문의 후원을 받은 정치가로는 마키아벨리가 있고, 과학자로는 갈릴레이가 있다. 메디치 가문은 교황세 명과 프랑스 황후 두 명을 배출했고, 그중 한 명은 프랑스 루브르 궁 탄생에 일조를 했다.

경제사를 보면, 메디치 가문은 현대 금융업의 시조라 할 수 있다. 13세기 이후 십자군 원정으로 유럽에서 지중해, 홍해, 인도양으로 가는 전통적인 해양무역의 루트가 아랍인들에게 가로막히자 이탈리아는 유럽에서 가장 중요한 무역대국이 되었다. 제노바인과 베네치아인은 동양에서 오는 비단과 향료의 수입을 장악했다.

이탈리아인은 다국적 무역을 통해 많은 자금과 부를 축적했다. 이탈리아에는 환전이나 물건 담보, 결제, 보험, 대출업무를 하는 상업은행이 생겨났다. 기독교는 대출에 이자를 지불하는 것을 터부시하는데, 피렌체는 기독교 세력이 약해 서서히 금융의 허브로 자리 잡을 수 있었다. 특히 1252년 금화 플로린 발행을 계기로 피렌체가 만든 표준통화는 유럽 전역에서 광범위하게 사용되었고, 피렌체 은행업의 지위를 굳혔다.

메디치 가문은 13~17세기 피렌체에서 맹위를 떨친 유명한 가문이다. 처음에는 전장을 운영하며 환전을 해 주던 메디치 가문이 나중에는 어마어마하게 부를 축적해 은행을 설립했다. 가문의 지도자는 많았지만, 그중 전설적인 인물은 세 명을 손꼽을 수 있다.

조반니 데 메디치(1360~1429년)는 가문의 부와 정치적 기반을 다진 인물이다. 1397년, 조반니는 피렌체에 훗날 금융계가 모두 인정한 최초의 주식제 은행인 메디치 은행을 설립했다. 1만 플로린 자본금 중 55퍼센트를 조반니가 지불했다. 당시 피렌체에서 가장 성행했던 양모가공업과 무역업에 주목한 조반니는 상업어음 등 모든 금융수단을 동원해 유럽 전역에서 가장 앞서나가는 은행을 만들었다.

조반니는 1402년 피렌체 은행 연합회의 의장직을 맡았고, 예술가를 후원해 도시에 건축예술 작품을 제공해 처음으로 사회적 명성을 얻었다. 수년간 사교활동에 공을 들여 조반니는 가난한 주교를 교황에 당선시키고, 이로써 1410년에는 세계 각지의 교구에서 송금한 돈과 헌금 관리를 도맡았다. 이때부터 로마 교황의 재정 업무는 오랜 기간 메디치 가문의 재원이 되었다.

조반니는 메디치 가문에서 처음으로 예술가를 후원한 인물로, 언젠가 지옥으로 떨어질지 모른다는 두려움과 속죄의 마음이 종교와 예술가를 중시하고 후원하게 된 내적 원동력이었다. 그는 투시법 등 회화에 변혁을 불러온 요절한 천재 마사초[20]를 오랫동안 후원했다.

코시모 데 메디치(1389~1464년)는 가문의 권력을 가장 높이 끌어올린 인물로 평가받는다. 그는 메디치 은행이 로마 교황의 재정을 관리하기 시작한 후 종교 세력에 의지해 피렌체와 토스카나 지역의 정치적 힘겨루기에 참여했다. 그러나 한 차례의 실패 후 그는 정치적 망명을 했다. 이 시기에 그는 종교예술과 역사유물을 찾는 일에 심취해 고대 예술과 문헌을 감별하는 식견을 갖추게 되었다. 1434년, 코시모는 피렌체로 돌아가 오랜 기간 시정부를 조정하며 무관의 제왕으로 군림했다.

코시모는 그리스와 로마의 문헌과 조각 수집에 심취해 도나텔로가 피렌체를 위해 조각한 다비드 상을 들여왔다. 또한 돔형 지붕의 창시자인 건축가 브루넬레스코를 도와 도시를 개조하고 궁전과 도서관, 교회, 수도원에 고대 그리스와 로마의 고전적인 조형기법을 도입했다. 이로 인해 피렌체는 르네상스의 발원지가 되었으며, 유럽의 예술가들이

20 '마사초(Masaccio, 1401~1428) 이탈리아 르네상스 시기의 화가. 1422년 세인트 루크 길드조합(정통화가협회)에 가입. 1428년 로마에서 사망. 본명은 톰마소 디지오반니 디 시모네 구이디이고, 마사초는 닉네임이다. 성품이 게으른 그는 예술 이외에 그 어느 것에도 관심이 없었다. 아무것에도 구애받지 않았지만 예술적으로는 동료들의 신임을 받았다.

이곳으로 모여들었다. 코시모 본인이야말로 르네상스 운동을 일으킨 가장 중요한 장본인이었다.

로렌초 데 메디치(1449~1492년)는 위대한 르네상스 운동과 피렌체 역사를 결합한 인물이다. 20대에 조부 코시모로부터 통치지위를 물려받은 로렌초는 로마 교황과 합세해 피렌체에서의 통치지위를 굳혔다. 정치적 암살에서 운 좋게 살아남은 그는 군사력 강화에 힘썼으며, 그 덕분에 피렌체는 더욱 강해졌다.

그러나 로렌초의 진정한 위대함은 인류문화의 예술적 거장 세 명을 직접 육성하고 후원했다는 점이다. 〈비너스의 탄생〉과 〈프리마베라〉를 그린 보티첼리, 〈최후의 만찬〉과 〈모나리자〉를 그린 다빈치, 〈천지창조〉와 〈다비드 상〉으로 유명한 미켈란젤로다. 세 명의 거장과 그 후 간접적으로 메디치 가문의 혜택을 입은 위대한 화가 라파엘로, 정치가 마키아벨리, 과학자 갈릴레이는 모두 이탈리아와 유럽에서 이름을 날렸고, 그들은 각자의 영역에서 로렌초에게 큰 영광을 안겨 주었다.

세 명의 거장이 탄생한 이후 교황청의 분쟁, 이탈리아 제국과 프랑스의 끊임없는 전쟁 등으로 유럽에는 평화와 안정이 사라졌다. 메디치 가문의 후계자는 몇 번이나 추방되고 권력도 빼앗겼다. 상황이 어려워지자 메디치 가문은 한때 활동무대를 남쪽 로마로 이동했다. 엎친 데 덮친 격으로 이탈리아의 양모가공업이 쇠락하고 영국의 방직산업이 부상하면서 무역과 금융의 중심도 점차 북상했다. 악화 일로를 치닫던 메디치 가문은 100년을 못 버티고 결국 몰락했다.

메디치 가문이 인류 역사에 남긴 위대한 유산

몇 년 전 필자는 이탈리아 피렌체를 여행하며 메디치 궁, 우피치 미술관, 피티 궁 박물관 등 유명한 궁전을 둘러보았는데 이 궁전들은 한때 메디치 가문의 소유였다. 고리대금업으로 가문을 일으켜 금융부호가 된 메디치 가문은 중세 이전 고전낭만주의 예술에 심취해 르네상스 시대를 열었다. 이는 우리가 알고 있는 대중문화 속에서의 금융가의 위치와는 다소 거리가 느껴진다.

메디치 가문은 훗날의 로스차일드 가문, 모건 가문, 록펠러 가문처럼 언론에 의해 음모가 가득한 집단으로 묘사되어 정부와 국민의 공공의 적이 되어 뭇매를 맞았다. 그들은 주로 막강한 재력과 사회적 영향력을 공격했다. 메디치 가문의 혁신적인 상업기법은 교묘한 갈취로 여겨졌고, 권력추구는 음모와 탐욕으로 비춰졌다. 생활방식은 사치와 타락으로 보였고, 성격과 품격은 의도적으로 폄훼되고 증오의 대상이 되었다. 역사를 돌이켜보면 권력은 지식인들의 인정을 받기가 쉽지 않다. 하지만 지식인은 역사를 기록하고 언어체계를 만들어내는 집단이다.

하지만 이 금융 가문들이 사회적 비난과 문화적 멸시를 받으면서도 창조적인 사업을 꿋꿋하게 지속했다는 점은 주목할 만하다. 부를 축적하고, 명성(추악한 명성이더라도)을 쌓았으며, 대중의 롤 모델이 되어 갔다. 마침내 문화예술에 무지하고 품위 없는 행동으로 무시당하던 금융 가문이 막대한 부를 이용해 숭배와 존경을 한 몸에 받는 문명사적 이정표를 만들어 냈다. 이에 지식인들도 마지못해 최소한의 역사적 존중을 표했다. 메디치 가문의 역사를 통해 몇 가지 사실을 되짚어 보고자 한다.

첫째, 상업과 금융은 예술과 문명의 온상이다. 상업적 기반도 없고 금전적 투자도 하지 않고 예술의 가치를 인정하고 평가하지 않으면, 예술가들은 가난에서 벗어나지 못해 예술창작에 전념할 수 없다. 또한 사교모임을 통해 서로의 예술적 재능을 자극할 수도 없고, 예술작품도 사회로부터 인정받을 수 없다.

모두들 반 고흐를 보며 위대한 예술가는 굶주림과 가난 속에서 탄생한다고 말한다. 그렇지만 만일 반 고흐에게 그림을 관리해 주던 계수나 미디어의 발굴 또는 지속적인 투자자의 지원이 없었다면 어떠했을까? 아마도 반 고흐 또한 다른 위대한 예술가들처럼 역사의 뒤안길로 사라졌을 것이다.

역사적 사실을 통해 상업이 발달하고 금융 가문이 많았던 곳이 인류의 창의력과 상상력이 가장 왕성한 지역이라는 점을 알 수 있다. 메디치 가문과 피렌체의 역사가 바로 그러했다.

금융은 가치를 창조하는 상업 활동이지 재산을 갈취하거나 사회의 부를 파괴하는 원흉이 아니다. 인류가 사회적으로 성장하기만 한다면 산업이 형성되고 분업이 생겨날 것이다. 그리고 가치교환은 모든 상업 활동의 핵심이 된다. 제품교환과 업, 다운스트림 제품의 통합은 자연적으로 전문화되고 집중적인 통화금융 서비스를 필요로하게 된다. 최소의 투자로 최대의 효과를 내는 금융서비스는 상업

거래에 편의를 제공하는 시장 규칙을 만들어 냈고, 체제를 안정시키고 성장 공간을 확대했으며, 모든 플레이어들의 리스크를 줄였다.

메디치 가문 덕분에 14~15세기 피렌체는 무역과 상업의 중심이 되었고, 이 가문의 능력은 뛰어난 재능을 가진 예술가, 과학자, 학자 심지어 교황의 이목을 끌기에 충분했다. 마찬가지로 오늘날 금융이 발달한 뉴욕이나 런던, 파리, 도쿄, 상하이와 같은 도시들을 보더라도 예술문화의 중심으로 성장했다.

둘째, 누가 부를 장악할 것인가? 다시 말해, 부를 가장 효과적으로 이용해 가치를 창조하고 인류를 발전시킬 사람이 누구인가? 다양한 견해를 불러일으킬 수 있는 논의할 만한 문제다.

메디치 가문은 피렌체의 부와 정치를 손에 쥐고 예술창작을 견인하며 전 유럽에 르네상스 바람을 일으켰다. 프랑스에서는 국왕이 부를 장악했고, 유럽 각지는 가난한 병사들이 무기를 내다팔고 근거지를 빼앗기 위해 쟁탈전을 벌였다. 로마는 교황이 부를 거머쥐고 터무니없는 세금을 거둬 부패와 사치를 일삼았다. 베네치아의 부는 상업귀족 무리에 집중되어 이익만을 쫓는 사회에서 상업 실용주의가 성행하게 하는 역할을 했다.

왕권과 교권이 부를 독점하자 대중의 상상력과 자유주의에 대한 열정은 메말랐고, 분산된 상권도 경쟁에서 살아남지 못해 정신세계에 집중하게 되었다. 메디치 가문의 가장 큰 공헌은 시야를 예술 창작과 과학적 혁신으로 돌리고 피렌체 대중에게 예술과 르네상스가 바로 진정한 재산이라는 신념을 심어준 것이다. 그들은 예술에 장기적으로 투자했을 뿐만 아니라 경쟁 상대들에게도 경쟁에 참여하도록 강요했다.

하지만 재정적으로 보장을 받은 예술가들은 대부분 의도적으로 재물과 거리를 두고자 했다. 자신의 창의성이 돈과 아무런 관계가 없다고 떠들며 심지어는 돈이 예술에 미치는 상업적 오염을 비판하며 품위를 떨어뜨린다고 비난했다. 이런 예술가들의 자신감 없는 태도는 재물이 예술을 비호하고 관용해 주는 것으로 표현되었다. 마찬가지로 많은 지식인은 재물과 금융가들을 억지 비난했으며 그들은 현대사회에 대한 낭만이나 그리움을 초기 상업과 금융질서를 칭송하는 것으로 표현한 듯하다.

셋째, 종교나 정치, 법률로 사유재산을 보호하고 예술을 존중한 점은 메디치 가문의 전기가 탄생하게 된 기본 전제다.

메디치 가문은 정치적 유배와 암살의 위협을 두 번이나 받았다. 그럼에도 불구하고 가문의 재산, 특히 많은 예술품과 진귀한 문헌은 잘 보존되었다. 메디치 가문이 오랜 기간 관계를 유지한 종교와 정치세력은 그들의 사유재산을 잘 보호해 주었고, 정권과 교권이 교체되어도 그들의 이익이나 시민들의 이익을 지켜 주었다. 상인과 금융가의 사회적 지위는 언제나 독립적이었고, 존엄성을 인정받았다. 반면 중국의 역사를 보면, 재산이 정권의 파생물이나 부속물로 여겨졌다. 제도적 뒷받침과 보호 덕분에 메디치 가문은 믿음을 갖고 사업을 경영하고 예술을 발전시킬 수 있었다.

중국 금융계에도 명나라 말기 심만삼(沈萬三), 청나라 화곤(和珅),

중화민국 시기 공샹시(孔祥熙)와 같은 유사한 가문이 있는데 메디치 가문과 비교해 보면 제도와 환경이 만들어 낸 엄청난 차이를 실감할 수 있다.

금융가와 금융시장의 발전은 금융 이외의 사회적 요인으로 결정된다. 특히 문화의식이 부를 바라보는 시선이나 사유재산에 대한 정치 법률의 보호, 시대가 바뀌고 정권이 교체되어도 상업적 약속과 인문 전통을 계승하는 정신 등의 영향을 받는다. 이런 토양이 없으면 금융의 발전을 논할 수가 없다.

제7장

장거정(張居正)의
은본위제도와
뉴턴의 금본위제도

정치가 장거정의 개혁은 뜻하지 않게 중국에 은본위제도를 확립했다.
거의 같은 시기 과학자 뉴턴은 아닌 줄 알면서도
영국에 금본위제도를 수립했다. 300년 후, 서로 다른
화폐제도를 채택한 국가가 대립하며 아편전쟁의 불씨를 낳았다.

장거정의 개혁으로 은본위가 확립되다

화폐본위는 정부가 인정한 화폐 표준이다. 인류가 화폐를 사용하기 시작한 지는 이미 수천 년이 지났지만 화폐의 재질, 중량, 질량, 유통 시기와 범위 등이 달라 일시적인 거래수단으로 쓰였다. 따라서 시장을 통합하고 확대하고 경제를 발전시키기에는 미흡했다. 정부의 권위적인 개입으로 화폐는 시장거래를 위한 수단에서 표준화된 화폐본위로 승격되었고 지역, 시대, 종류에 관계없이 인정받고 교환이 가능해졌다. 화폐본위의 수립은 경제의 현대화 진입을 알리는 기본 전제다.

시대를 500년 전으로 거슬러 올라가 보자. 당시 유럽과 중국은 세계 경제를 주도하는 거대 시장이었다. 바로 이 시장에서 화폐본위가 탄생했다. 각자의 화폐본위에 근거해 현대화 과정에서 두 거대 경제체는 충돌과 상호 발전을 수없이 반복했다. 흥미롭게도 현대경제의 기본 전제라 할 수 있는 화폐본위의 수립은 모두 실패한 사건과 실패한 인물에서 비롯되었다.

명나라 목종(穆宗) 융경(隆慶) 6년(1572년), 장거정[21]은 재상이 되었다. 당시 국고 재정은 부족했고, 정부도 국가의 부가 얼마나 되는지 정확히 가늠하지 못했다. 농업사회인 중국에서 최대의 부는 바로 토지였다. 장거정이 재상이 되기 이전 1000여 년 동안 토지측량과 신고가 정확이 이루어지지 않아 국가는 골머리를 앓고 있었다.

명나라 중반에 이르러 토지 합병이 빈번해지며 수만 묘(畝: 중국 토지단위 1묘는 666.7제곱미터)씩 가진 대지주가 속출했다. 그런데 지주가 토지를 은닉하고 세금납부를 거부해 국가의 재정수입이 말이 아니었다. 동시에 귀족 대지주는 토지를 닥치는 대로 약탈해 봉건지주의 횡포는 극에 달했고, 정부의 토지에 농사를 짓는 농민의 생활은 갈수록 피폐해져 사회적 모순이 날로 악화되었다.

상황이 이러하자 장거정은 만력(萬曆) 9년(1581년), 관리의 품행과 치적, 군사, 수리 등의 개혁을 시작했다. 관리의 품행과 치적에 관해서는 '고성법(考成法)'을 만들어 각급 관리가 조정의 조서를 잘 집행하는지 관찰해 정기적으로 내각에 보고하고, 개혁에 반대하는 보수파를 파면했다. 군사적으로는 북방 달단족(타타르족)과의 관계를 회복하고, 차와 말 무역을 재개했으며, 전쟁의 파괴를 막고 경제와 농업을 발전시키고자 했다. 수리와 관련해서는 황하를 정비해 화물운송을 위한 운하를 건설하자고 주장했다. 장거정이 제시한 여러 개혁방안 중 가장 중요한 것은 중앙 집권형 경제를

21 장거정: 중국 명나라의 정치가 (1525~1582). 13대 황제였던 어린 만력제를 대신하여 국사를 처리하였으며, 대외적으로는 몽골인의 남침을 막았고, 동북지방 건주위를 이성량으로 하여금 토벌하게 하였으며, 지주를 통제하고 농민 부담의 균형에 힘썼다.

강화하고 세수를 확대해 거래와 물가를 안정시키는 내용이었다.

'일조편법(一條鞭法)'[22]은 장거정 경제개혁의 핵심이자 전체 개혁의 핵심이라 할 수 있다. 다시 말해, 전국 토지를 다시 측량해 조세 부담을 간소화하고 토지 보유량에 따라 세금을 부과하는 것이다. 또한 은으로 내면 세금을 깎아 주고 각 주현의 전부(田賦), 요역(徭役) 및 기타 잡다한 징수를 하나로 합쳐 은량으로 징수하는 것이었다. 토지 양에 따라 세금을 환산해 인구를 기준으로 세금이 부과되었는데, 이를 토지 기준으로 바꾸고 실물과 노역으로 부과하던 세금도 은으로 납부하게 했다. 구체적으로 보면, 세 가지 의미가 있다. 첫째, 토지를 정리해 징수 대상을 늘려 조세 부담의 균형을 잡았다. 역사서를 살펴보더라도 전국적으로 2억 8,000만 묘의 토지가 늘어났다. 둘째, 통일부역으로 불만을 잠재우고 조세효율을 안정화했다. 셋째, 토지에 근거해 은으로 징수하고 관리가 관리해 징수방법을 보완했고, 부족 액수도 노역 대신 은으로 징수했다.

장거정의 개혁은 엄격하게 추진됐다. 정부는 수만 명의 관리를 각지로 파견해 토지를 측량했다. 이는 정전제(井田制) 이후 중국 최초의 대규모 토지측량 사업이었다. 장거정의 개혁으로 명나라 세수는 70퍼센트나 증가했다. 가정(嘉靖) 연간 국고에 식량이 거의 1년 분량밖에 없었던 것과 비교해 보면 개혁 후에는 족히 5~6년은 버틸 수 있었다.

22 일조편법: 중국 명나라 때 장거정이 세운 세법. 세금 개혁을 정리하여 현물세와 부역 따위의 여러 세역(稅役)을 일조로 간편하게 하여 은으로 징수했다.

경제적 영향은 이뿐만이 아니었다. 첫째, 명나라는 은, 동 복본위제를 채택했다. 본통화인 은량은 관리들의 녹봉이나 세금, 거액 결제 지불 등에 이용됐고, 정부와 민간 모두 은량을 주조할 수 있었다. 보조통화인 동전은 시기별로 은량과 가격을 비교하며 시장에서 주로 쓰였고, 정부만 주조할 수 있었다. 지폐는 가끔 사용되었으나 전 왕조의 심각한 인플레이션으로 정부에 대한 신용이 떨어져 많이 유통되지는 않았다.

'일조편법'의 개혁으로 은본위제가 수립됐고, 재산권을 확인하는 계기가 되었으며 화폐제도를 수립하게 된 중요한 전환점이었다. 게다가 장사를 하는 사람은 토지가 없으면 세금을 낼 필요가 없어 도시 주민과 상품거래의 발전을 이끌었다. 장거정이 죽은 지 얼마 되지 않아 그의 개혁은 즉각 뒤집혔지만, 은화가 본위화폐가 된 것은 다시 되돌릴 수 없었다.

둘째, 새로운 세제는 은으로 지불해야 했기 때문에 지방의 대지주들이 직접 은화를 주조하느라 중국에서는 한때 은 품귀 현상이 일어났다. 세계 각지의 은이 중국으로 유입되어 장거정의 '일조편법'은 그 후 200년간 세계 백은 동향에 영향을 미쳤다.

500년 전의 세계 경제는 몇 개의 카테고리로 나뉘어 각자 기본적인 자급자족을 해결하고 있었다. 국가 간의 무역은 비용이 많이 들고 품목도 다양하지 않았다. 그중 가장 중요한 거래품목은 바로 백은이었다. '일조편법'으로 중국에서 은에 대한 수요는 오래도록 지속되면서 중국인들은 백은을 거래의 도구일 뿐만 아니라 부를 축적하고 사회적 지위를 높여주는 수단으로 여기기 시작했다.

신대륙 발견과 식민지 확대로 금과 은을 놓고 쟁탈전이 벌어졌다. 1493~1800년, 세계 백은의 85퍼센트와 황금의 70퍼센트가 모두 미국 대륙에서 나왔다. 또 이런 연구결과도 있다. "1592년에서 17세기 초까지 중국은 황금:백은 가격이 1:5.5에서 1:7이었고, 스페인은 1:12.5에서 1:14였다." 이를 통해 중국의 은값이 스페인보다 두 배나 비싸고, 중국과 스페인 두 곳의 환차익으로 상당한 이윤을 챙길 수 있음을 알 수 있다. 은이 중국으로 유입된 경로는 크게 세 가지였다. 라틴아메리카에서 중국으로 집적 유입, 라틴아메리카에서 유럽을 거쳐 중국으로 유입, 일본에서 중국으로 유입하는 경로였다. 일본은 은 생산 대국이고 중국과 지리적으로 가까워 직접 중국으로 유입되었다. 라틴아메리카의 페루, 멕시코, 컬럼비아 일대의 은은 찻잎이나 도자기 무역을 통해 중국에 유입되었고, 유럽의 은은 밀무역을 통해 유입되었다.

중국이 블랙홀처럼 은을 끌어모으자 다른 나라, 특히 유럽에는 은 품귀 현상이 나타났다. 유럽도 은화로 무역거래를 했고, 유럽 교회는 은기를 많이 사용했기 때문이다. 이렇게 복잡하게 얽힌 요인들은 훗날 신대륙 발견의 원동력이 되었고, 뉴턴이 금본위를 실시하게 된 동인이자 마침내 아편전쟁을 촉발한 도화선이 되었다.

역사에서 귀금속이 화폐로 등장하다

　　장거정과 거의 같은 시기에 지구 반대편인 영국과 유럽에서는 은화가 주요 유통화폐로 쓰이고 있었다. 그러나 은이 동양으로 유입되어 품귀현상이 일어나자 금, 은값이 요동치기 시작했다. 은화가 시장에서 사라지고, 소장되거나 녹여 중국이나 아시아로 흘러갔다. 게다가 금속화폐가 마모되는 것은 지극히 당연한 현상이다. 소비자는 완전통화를 소장하고 불완전통화를 유통시키는 본능이 있는데, 이것이 바로 '악화가 양화를 구축한다'는 그레셤의 법칙이다. 취지는 복본위화폐 제도에서 두 가지 화폐가 동시에 유통될 때 그 중 한 화폐의 가치가 평가절하되면 실제 가격은 다른 화폐보다 상대적으로 떨어지게 된다. 그러면 법정가치보다 실질가치가 높은 '양화'는 시장에서 점차 사라지고 실질가치가 법정가치보다 낮은 '악화'가 시장에 넘쳐난다. 바꿔 말하면, 주머니에 헌 돈과 새 돈이 있을 경우 대부분 헌 돈을 먼저 쓰려고 하는 심리와 비슷하다.

　　국가의 통화 안정과 더 많은 조폐 수익(액면가와 원가의 차액)을 올리기 위해 영국 정부는 몇십 년마다 한 번씩 화폐를 새로 만들었다. 전쟁으로 재정이 어려워진 영국 정부는 완전통화와 불완전통화라는 선택의 갈림길에 놓였다. 사실 이는 화폐 개념에 대한 차이로 전자는 금본위이고, 후자는 정부의 신용을 근거한 것이다.

　　1696년, 재정부 장관인 친구의 추천으로 과학자로 명성이 자자했던 뉴턴은 영국 조폐공장의 총감독으로 입사했고, 3년 뒤 공장장이 됐다. 뉴턴은 과학자였기에 완벽한 물건을 만들고자 했다. 그의 머릿속에는 화폐는 반드시 완전해야 한다는 의식이 자리잡고 있었다. 화폐 생산량을 늘리기 위해 그는 재정부 뒤뜰에 용광로를 여러 개 만들고 헌 돈을 녹여 덩어리로 만들어 런던탑 조폐공장으로 보냈다. 시장에는 화폐가 부족했기 때문에 그는 주조기술을 끊임없이 개선해 짧은 시간 안에 조폐 능력을 8배나 향상시켰다. 처음에는 주당 1만 5,000파운드의 화폐를 생산했지만, 나중에는 12만 파운드(약 5만 킬로그램)까지 생산했다. 동시에 뉴턴은 질 좋은 화폐를 만들기 위해 자신의 과학적 지식을 총동원해 기술을 개발하고 정밀도, 순도, 심지어 도안 문양까지 모두 표준화했다.

그러나 실질적인 운영 과정에서 완전통화는 엄청난 저항에 부닥쳤다. 예를 들면, 금속을 긁어내고 다시 주조해 완전통화를 불완전통화로 만들어 금화 수량을 늘리는 경우도 있었다. 뉴턴은 이런 행위를 엄중하게 벌하고 직접 형장까지 가서 처형 상황을 지켜보기도 했다. 그는 가장자리에 톱니바퀴 같은 무늬를 넣어 화폐의 마모를 막았는데, 이런 참신한 아이디어는 수백 년간 지속됐다. 그러나 그가 열심히 노력했음에도 상황은 바뀌지 않았다. 인위적인 요인도 있었지만 백은 공급량이 부족한 것도 화폐의 원활한 유통을 방해하는 요인이었다. 그래서 뉴턴은 불완전통화인 금화를 만들 수밖에 없었다. 금본위 개혁을 시작했지만 진정한 금화는 황제 가문의 상장에서만 볼 수 있었다.

은본위이든 금본위이든 귀금속을 화폐본위로 하는 것은 시장이 만들어 낸 필연적인 단계다. 금이나 은은 귀금속이기 때문에 교환이 편리하다는 장점 외에도 유통영역에 유입과 퇴출을 반복하면서 시장을 자발적으로 안정시키는 기능이 있다. 초기 상업사회를 보면 이런 균형 기제는 금속화폐가 금속 자체에서 액면가로의 지속적인 전환을 통해 실현되었다.

그 후 금속화폐의 안정은 매장량과 주조능력의 한계에 부닥쳤고, 세계 무역과 시장이 확대되면서 더 큰 체제로 편입되었다. 그러면서 안정을 결정하는 요인이 많아지고 복잡해졌다. 액면가와 주조 원가의 격차가 벌어지며 경제 강국들은 조폐 이익을 차지하기 위해 노력했다.

금속본위가 비금속인 환차를 본위로 전환된 지는 100년 정도밖에 되지 않았다. 이와 관련해 국제무역, 국제수지, 국제신용 등의 정부와의 관계, 금융 혁신, 전자결제, 전자 계정 등 기술 발전 요인, 소비신용, 공공금융 등과 사회 변화 요인까지도 새롭게 고려해야 할 요인들이 생겼다.

500년 전의 화폐본위와 100년의 역사를 가진 환차본위는 모두 인류가 개발하고 고안해 낸 결과물이다. 이를 신비롭게 묘사해 음모론으로 치부하던 역사적인 시작은 모두 거래를 위해 가장 기본적인 세 가지 요구를 만족하기 위함이었다. 편리하게 거래할 수 있는 도구가 필요했고, 가격을 결정할 수 있는 안정적인 기준이 필요했으며, 소장이 가능한 재물의 형태가 필요했다.

1717년에 보고된 바에 따르면, 뉴턴은 경험을 통해 깨달음을 얻었다. 은 공급이 부족한 것은 기정사실이고, 영국의 모든 은기를 녹여 돈을 만들어도 부족할 터였다. 게다가 금을 수입하니 금값이 떨어지고 금과 은의 가격 차이로 은이 유통시장에서 사라졌다. 따라서 뉴턴은 유럽 각국과 중국, 일본, 동인도의 금은가격을 분석한 후 금을 본위로 하는 불완전화폐를 만들기로 결정했다. 그는 금값을 온스당 3파운드 17실링 10펜스로 정했다. 1774년, 영국은 이 기준으로 다시 화폐를 주조한 결과 금이 주요 통화가 되었고 은은 유통시장에서 사라졌다. 1816년, 영국은 다시 파운드의 금 함량 기준을 수정해 금본위를 공식화했다. 당시 영국은 경제 강국이었기 때문에 유럽 각국은 속속 금본위를 채택했고, 영국의 이런 패권적 지위는 1914년까지 지속되었다.

비록 금본위에 대한 논쟁은 뜨거웠지만 제1차 세계대전 발발 때까지 참전국들은 모두 황금 금수조치와 함께 지폐와 황금의 태환을 금지했다. 이로써 국제 금본위는 해체됐다. 두 차례의 세계대전을 겪으며 금본위제가 다시 부활했지만 황금의 지위는 크게 약화되었고, 일부 국가는 금괴본위 혹은 금환차본위를 시행해 환율의 자동조절 기능은 더 제한되었다. 1929~1933년 대공황 시기 영국은 더 이상 세계 패권국이 아니었다. 국제수지가 악화되자 영국은 1931년 금본위제를 중단했다.

다시 중국의 은본위제로 돌아가 보면 상당히 흥미로운 비교가 가능하다. 같은 시기 정치적 영향력이 있었던 장거정은 '일조편법'을 통해 은본위제를 시행했고, 괴짜 과학자 뉴턴은 아닌 줄 알면서도 영국에 금본위제를 수립했다. 또한 영국은 산업혁명 이후 막강한 지위를 이용해 전 세계로 표준을 확산시켰다. 한 나라의 재상인 장거정은 정치적인 영향력으로 화폐제도를 수립했고, 뉴턴은 지식인으로서 단지 금본위의 함량만 제정했지만 결국 시장이 이를 수용하고 채택했다.

정치가 장거정이든 과학자 뉴턴이든 모두 다급한 상황에서 자신이 할 수 있는 최선의 선택을 한 것이다. 이는 의도하지 않게 시대의 상승기류를 타고 대세가 되었다. 좌충우돌하며 상처가 났을지언정 은본위와 금본위라는 결과를 만들어 냈으니 이것만으로도 시대의 행운아라 할 수 있을 것이다. 은본위를 채택한 중국과 금본위를 채택한 영국은 300년 후 서로 만나 세계 경제의 흐름을 바꿔 놓을 만한 대격돌을 일으켰다. 중국은 은으로 무역대금 결제를 고수했고, 영국은 어쩔 수 없이 고가의 금으로 은을 구매했다. 이에 영국은 상인들을 부추겨 아편으로 무역 적자를 메우게 하여 결국 아편전쟁이 발발했다. 물론 이는 후일담이다.

제8장

유대인과
금융음모론

인간의 무지와 편견이 난무하는 가운데
고난으로 얼룩진 한 민족의 그림자가
신비함과 화려함 뒤에 감춰져 있다.

음모론의 목적

　예루살렘 성지, 테베레 강가, 피렌체의 올드 브리지는 물론 지금의 월스트리트에 이르기까지 금융사의 족적을 더듬다 보면, 시작은 비천하고 보잘것없었지만 훗날 글로벌 금융 부호로 성장한 유대인의 명석한 두뇌와 재간의 흔적이 수시로 목격된다. 중요한 금융사건이나 기관, 인물은 거의 모두가 유대인의 힘겨운 성장과 관계된다. 돈을 끌어모으는 유대인들의 명석한 두뇌는 높이 평가받지만, 사리사욕에 눈이 멀어 교묘하게 돈이나 은행 심지어는 자본시장을 쥐락펴락한다는 평가에서는 자유로울 수 없다. 그러다보니 출처가 확실치도 않은 소문을 덧붙여 금융음모론을 지어내는 금융사학자들도 있다.

　한때 인기몰이를 했던 베스트셀러는 유대인 금융 가문인 로스차일드가를 위기를 초래하고 현 자본시장을 쥐락펴락하는 최고의 검은손이라고 지목했다. 1850년경 로스차일드 가문이 축적한 60억 달러의 부를 수익률 6퍼센트로 계산해 보면 150년이 지난 지금 이 가문의 자산이 30조 달러를 넘을 것이라는 이유에서다. 그러나 이런 사례는 중국에서도 찾아볼 수 있다. 청나라 화신(和珅) 가문은 1799년 10억 냥의 백은을 축적했고, 이를 6퍼센트 수익률로 따져 보면 중국인들은 진작에 세상을 좌지우지했을 것이다.

기구한 운명을 가진 유대인은 건국 이래 3000년이라는 기나긴 시간 동안 대부분을 유랑과 핍박의 세월을 보냈다. 아시리아[23], 바빌론, 로마인들 모두가 유대인을 공격해 유대민족을 노예로 삼고 그들의 종교를 뿌리 뽑으려 했다. 기독교가 세상을 통치하면서 11세기의 십자군 원정, 흑사병의 죄명, 15세기 서유럽의 유대인 추방운동, 특히 히틀러의 인종 말살 등은 모두 유대인을 겨냥한 학살이었다. 이렇게 가혹한 환경 속에서도 유대인들은 살아남았고, 심지어는 현대국가를 건설했으니 이 자체만으로도 인류문명의 입지전적 사건이라 할 만하다.

거의 2000년 동안 유대인은 상류사회에서의 명성이나 지위를 얻는 것은 생각할 수도 없었고, 제대로 된 직업이나 재산, 토지 등도 소유할 수 없었다. 주류사회에 편입되지 못한 유대인은 제한된 직업에 의지해 생존해야 했고 거처를 계속 옮겨 다녀야 했다. 당시 거들떠보지도 않던 무역이나 의료, 출판업이 유대인들의 삶의 터전이었다. 그나마 중세 이후 농업경제가 시장경제로 발전하면서 유대인들은 환전이나 대출로 사업기회를 넓혔다.

농업경제 시대 초기에는 재물이나 부동산으로 사회적 지위를 평가

23 아시리아인: 메소포타미아 역사에서 약 1000여 년을 활동했다. 초기 아시리아, 중기 아시리아, 아시리아 제국 3시기로 나눈다.

했다. 당시 무역업은 힘들고 리스크도 크며 인간의 다양한 요구를 만족시켜 주는 사치스러운 업종으로 분류돼 주류사회에서는 천대를 받았다. 더욱이 무역을 위한 환전이나 대출은 부당하게 돈을 버는 비열한 행위로 간주되어 주류사회의 멸시의 대상이었다. 기독교 교리는 수천 년 동안 'Usury(원금이자 상환)'를 강하게 비난하며 이런 업종에 종사하는 사람은 죽어도 천당에 갈 수 없다고 가르쳤다. 이 단어는 중국어로 '고리대금'이라 잘못 번역되어 부정적 의미로 평가된다.

유대인은 선택의 여지없이 무역이나 금융업에 종사했다. 그들은 유럽, 아시아, 아프리카 전역에 퍼져 있는 이동 네트워크를 이용해 환전이나 대출 거래를 빠르게 발전시켰다. 13세기에서 14세기 무렵, 통제가 덜한 이탈리아 북부의 제노바나 피렌체 지역에서는 시중은행 지점을 개설하기도 했다. 그들은 소액은행(minuto bank)을 만들어 현지 환전이나 귀금속담보대출 업무를 했다. 이는 중국의 전장(錢庄: 환전을 업으로 하던 상업금융기관)과 비슷하다. 또 거액은행(grossir bank)에서는 국제무역 환전이나 정부, 교회 같은 공공기관과 상점을 상대로 장기융자를 제공했다. 이는 중국의 표호(票號: 환업무를 하던 상업금융기관)와 유사하다. 분산경영이 이루어지는 다른 업종과는 달리 금융네트워크를 장악하게 된 유대인은 돈을 벌고, 시장의 수요를 파악하고, 리스크를 헤지(hedge)하고, 폭리를 취하는 등 해당영역에서 입지가 강화되었다.

1394년, 기독교인의 대부업이 금지되었다. 이탈리아로 이주한 유대인들은 피렌체 외곽의 제한된 지역에서 대부업을 했다. 그러나 1437년이 되자 피렌체는 유대인에게 은행을 개설할 수 있는 허가증 4장을 발급해 주었다. 이는 중요한 상징적 의미를 지닌다. 소식이 빠르고 팀워크가 뛰어난 유대인들은 바로 유럽 각지에 네 개 은행의 업무를 대행할 수 있는 지사와 네트워크를 구축했다. 특히 어음이라는 것을 고안함으로써 피렌체는 순식간에 제노바를 대신해 현대 은행의 허브가 되었다. 당시 금융부호 메디치 가문의 비호를 받으며 유대인의 금융사업은 장족의 발전을 거두었다.

그러나 이어서 천주교와 기독교 그리고 각종 신교가 서로 앞다투어 상업시장 특히 금융계에 발을 들여놓으며 유대인들을 '공공의 적'으로 내몰았다. 당시 가장 신뢰를 받았지만 가장 가난했던 기독교인들은 유대인이 국민의 돈을 약탈하고 교회와 국가의 부를 앗아간다는 이야기를 가장 좋아했다. 문학가와 철학자들은 이에 가세해 무궁무진한 이야기를 지어냈다. 소설가 보카치오, 시인 단테, 철학자 볼테르와 루소 등은 유대인의 입지전적 이야기를 비난했다. 가장 널리 알려진 것은 셰익스피어 소설에 등장하는 살점 1파운드를 떼어내 빚을 갚으라는 유대상인 샤일록의 이야기다. 기세등등하던 유대인들은 금융권에서 쫓겨나 지하 세계에서 보석과 무역 결제업에 종사했고, 금융가들은 권력에 조용히 빌붙어 사리사욕을 취하며 정치적 비호를 꾀했다.

유럽에서부터 흘러나온 금융음모론은 유대상인과 금융가를 정조준했다. 그중 가장 흥미를 끄는 것은 유명한 유대인 금융 가문인 로스차일드에 관한 이야기다. 로스차일드 가문이 로마 교황을 용의주도하게 보좌했고, 정치에 입문할 측근을 키워 오랜 시간 교황청의 재정과 정부의 금고를 주물렀다고 한다. 특히 유럽전쟁 중 그들은 다섯 개 유럽국가에 지점을 세워 돈줄과 국제적 차관을 관리했고, 심지어 나폴레옹 전쟁 당시에는 정보를 장악해 거액의 이윤을 챙겨 국가에 견줄 만한 부를 축적했다는 이야기다. 월가 음모에 관한 책들은 너나 할 것 없이 이 이야기를 다루고 있는데, 최초 유포자를 거슬러 올라가 보면 20세기 초 독일 나치의 출판물로 유대자산 몰수를 위한 사전 분위기 조성이 목적이었다.

금융사학자 니얼 퍼거슨의 저서 《로스차일드》에 보면 몇 대에 걸쳐 격리된 유대인 구역에서 살던 이 가문이 어떻게 방직업으로 100년 만에 유럽과 전 세계의 금융시장을 호가호위하는 가문으로 성장하게 되었는지에 관한 이야기를 접할 수 있다. 300년 전 이탈리아 메디치 가문처럼 그들은 시장을 관망하고 수요를 파악하고 위험을 불사한 과감한 행동을 주저하지 않았다. 동시에 교회와 왕권에 의지해 금융기술을 고안해 내고, 예술에 투자해 명성을 높이고, 사회적 자원을 넓혔다. 이는 음모라기보다는 판단력과 실행력이었고, 게다가 운까지 따랐다.

퍼거슨은 유대인을 배척하는 분위기가 팽배한 가운데 100여 년 전 상당한 영향력이 있는 사상가, 이를테면 사회주의자 베르너 좀바르트와 존 앳킨슨 홉슨 그리고 히틀러나 그의 선전원들이 모두 음모론을 날조했다고 적고 있다. 그들은 로스차일드 가문이 교황을 좌지우지 했고, 워털루 전쟁을 주도하고 보어 전쟁을 조종했으며, 링컨 대통령 암살에 관여했다고 말했다. 또한 구미의 증권거래소를 통제하고, 심지어는 미국 연방준비제도이사회를 만들었다고 했다. 퍼거슨은 "이들은 이미 출판된 신화나 소문을 다시 각색해 돈을 벌고 있다"고 비웃었다.

음모론은 왜 생겨날까?

1791년, 프랑스는 유대인 해방운동에 앞장섰다. 그 후 영국, 북유럽, 서유럽 국가들이 뒤이어 유대인 차별정책을 철회했다. 그러나 국민이 느끼는 적대감은 오래도록 사라지지 않았다. 동유럽, 러시아, 특히 독일에 팽배해 있는 유대인 배척 분위기와 맞물려 제2차 세계대전 당시 유대인 대학살이라는 비극을 낳았다. 미국이라는 개방된 사회에서조차 유대인을 둘러싸고 금융음모론이 끊이지 않고 흘러나왔다. 금융위기가 발발할 때마다 각종 금융음모론이 고개를 들었고, 유대인과 금융계를 공격하는 다양한 서적들이 베스트셀러로 등극했다. 이들은 다수가 연구나 고심 끝에 나온 결과물이라기보다 많은 사람의 구미를 당기는 책들이다.

오늘날 미국 금융가를 종횡무진하고 있는 유대인들로는 헤지 펀드의 거두 조지 소로스나 미국 정크본드의 대왕 마이클 밀켄, 미 연준위 의장 그린스펀과 버냉키, 블룸버그 창시자이자 뉴욕시장 블룸버그 등이 있다. 이 명단은 금융 음모론자들을 무한한 상상의 세계로 이끌었다. 그들은 또 다른 유대인 무리가 또 다른 세계를 좌지우지한다고 생각한다. 바로 인텔의 그로브, 컴퓨터계의 거두 델, 오라클의 엘리슨, 구글의 페이지, 페이스북의 주커버그 등이다. 만일 이두 그룹의 인재들이 분야에 관계없이 서로 협력한다면 인류는 어떤 상황을 맞이하게 될까? 새로운 베스트셀러가 나오기를 기대한다. 특히 조급한 중국시장에 소개된다면 좀 더 안정적인 사회분위기가 조성돼 이성적인 사고가 가능한 기반을 갖게 될 것이다.

금융은 제도이자 인류의 생활 태도다. 금융은 인류의 생활을 파괴한 원수가 아니라 함께 성장한 동반자다. 그러나 금융업은 줄곧 악마로 묘사되거나 음모론의 대상이 되었다. 아마도 민간 금융을 낱낱이 고발하고 마구 짓밟은 결과일 것이다. 금융에 관한 긍정적인 교육보다는 기회만 있으면 음모론이 고개를 들고 강의실에서 활개를 친다. 특히 서양 국가의 정부 관리들은 머리를 굴려 잘못된 소문을 더 나쁘게 만들어 대중이 잘못된 이론을 접하게 했으니 정말 안타까운 일이다. 필자가 보기에 금융음모론이 나온 이유는 다음과 같다.

첫째, 무지와 두려움이다. 일부 혁신가를 제외한 거의 모든 인간은 천성적으로 변화를 두려워하고 위험을 회피하려 하며 안전을 보장받기를 갈망한다. 원시사회에서 비바람이나 천둥번개를 두려워한 인간은 신령숭배를 시작했다. 리디아와 그리스의 금은화에 다양한 신령이나 제왕의 상징을 새겨 넣은 이유도 신의 보살핌을 원했기 때문이다. 인간이 겉으로 보이는 존중은 오히려 두려움의 결과다. 돈에 대한 숭배는 특정한 환경에서 돈을 파괴하는 것으로 나타났다. 고대 그리스의 스파르타인이 세상과 동떨어져 금, 은화를 없애고 철전을 사용한 것을 보면 알 수 있다. 프랑스인이 미시시피 회사의 버블이 붕괴되자 모든 은행기관을 약탈하고 거의 200년 동안 발전을 가로막은 것도 그렇다. 서브프라임 위기 이후 많은 국가가 금융파생상품을 엄격하게 제한하고 단속함으로써 금융혁신에 난색을 표한 것도 마찬가지다.

농업사회에서 화폐, 수표, 신용, 전장 등은 모두 복잡한 거래도구이자 자원 조직의 플랫폼이다. 어떻게 리스크를 감수하며 가을의 수확을 예약하고, 어떻게 한 번도 본 적이 없는 물건을 살 수 있는지 이해가 잘 되지 않을 때가 있다. 교육비나 여행경비를 지불하고, 심지어는 미래의 생활을 앞당겨 향유하고 있지는 않은가. 화폐거래를 하는 사람들이나 기관들은 모두 신비롭고 예측 불가능해 보이지만 분명 목적이 있고 계획이 있을 것이다. 그래서 음모가 있을 것이다. 무지와 두려움 때문에 사람들은 자신을 설득할 수 있는 이유를 선택하거나, 아니면 숭배하고 복종하거나, 그도 아니면 배척하거나 적대시한다.

둘째, 편견과 게으름이다. 인간은 스스로의 무지를 쉽게 인정하지 않는다. 어떤 변화에 대해 자신을 설득할 수 있는 이유를 찾아낸다. 일단 대중이나 세속의 이해를 얻으면 스스로를 괴롭혀 연구하고 논리를 밝히기보다는 여론에 편승해 편견을 굳히고 심리적 안정을 찾으려 한다. 편견이 사회의 주류의식으로 자리잡으면 편견을 옹호하는 것이 바른말을 하는 책임을 다한 것으로 생각되어 자부심을 느낀다. 그래서 의식의 변화는 어렵고, 의식이 변하지 않으면 제도의 개혁을 논할 수 없다.

변화를 외부의 힘이나 타인의 행동 때문이라고 생각하는가? 물론 이해는 되지만 게으른 태도라고 말할 수 있다. 설사 음모론이 논리적 근거가 부족하다는 것을 눈치챘다 하더라도 새로운 논리를 세우려면 충분한 사고의 자원과 의식의 자원이 필요하다. 대다수의 사람은 그렇게 자원을 모아 논리를 세울 이유도 없고, 알고자 하는 욕구도 없다. 단지 남들이 생각해 낸 사고의 혁신에 무임승차할 뿐이다. 하물며 음모론은 대중의 구미에 딱 맞으니 더 말할 필요도 없을 것이다. 몇 년 전 천즈우(陳志武) 교수가 음모론을 비판하는 책을 쓴다는 소식을 듣고 이렇게 말한 적이 있다. "아인슈타인이 어찌 무당과 이치를 논하겠는가?"

셋째, 전제정치와 미신이다. 앞의 두 이유는 그래도 단순하다. 일상적인 환경에서 정보와 교류를 통해 사회가 발전하고 문명이 진보하다 보면 서서히 해결할 수 있다. 설사 많은 사람이 계속 금융을 적대시한다 해도 금융제도의 혁신을 가로막는 장애가 되지는 못할 것이다. 그러나 독재적인 환경에서 음모론은 여론의 주류로 자리잡아 정부가 원하는 방향대로 사회에 압력을 행사할 수 있다. 단순한 반역의 논리가 사회 이데올로기를 주도하게 되면 이 이데올로기를 발전시키는 그 어떤 섬세한 사고도 도리에 어긋나는 것으로 간주되고 사상가는 도태되고 만다. 결국 경직되고 단순한 사고만 남고, 생존 여건은 외부와 단절된 시간을 가능한 한 연장하는 것뿐이다.

상이한 정치집단과 경제이익집단이 음모론으로 여론을 조작하고 민심을 선동한다. 여론이 충분히 개방되지 않은 사회는 정부가 원하는 대로 분위기가 조성된다. 특히 중동의 일부 국가는 새로운 사건이 일어날 때마다 서방 세력에 조정당한다. 심지어 최근에는 서방 정치가들이 중국 음모론을 놓고 서로 힘겨루기를 하고 있다.

금융음모론은 사라지지 않을 것이다. 그러나 배우고 생각하고 개방한다면 공공금융의 수준을 업그레이드할 수 있고, 이는 금융제도 개혁과 의식 개혁의 밑거름이 될 것이다.

제9장

영국의
명예혁명과 세금

영국의 명예혁명은 상업적 요인 때문에 '혁명'의 요소가 빛바랜 채
상인과 국왕의 평화협상으로 끝이 났다.
그러나 프랑스, 러시아, 중국식의 혁명은
피비린내 나는 참혹한 대가를 치렀다.

명예혁명의 의의

2011년은 중국 신해혁명 100주년이 되는 해로 반성의 목소리가 쏟아져 나왔다. 그중 새겨볼 만한 것은 영국 '명예혁명'에 관한 것이었다. 300여 년 전 피를 흘리지 않은 궁중정변으로 영국은 헌정국가의 반열에 올랐고, 현대문명 사회로 진입했다. 그 후 산업혁명이 일어나면서 영국은 세계 패권국가가 되었고, 영국은 아편무역과 전쟁으로 중국의 시장과 문호를 개방했다. 이러한 영향으로 중국 학자들은 이성적인 분석이나 정서적 표현에 있어 영국에 대한 감정을 자주 드러내는 편이다.

어느 중국 학자는 청나라 마지막 황제의 퇴위조서를 영국 명예혁명에 비유했다. 지나친 감이 없지 않지만 100년간의 유혈혁명으로 상처 입은 지식인이 느끼는 과거에 대한 회상과 미래에 대한 기대라고도 할 수 있을 것이다. 정통 마르크스주의는 영국의 명예혁명은 영광스럽지 못한 계급간의 타협이고, 유혈혁명으로 얻은 정권이 아니면 정통성을 인정할 수 없고 영혼이 없는 혁명이라고 봤다. 그래서 구소련과 중국의 주류 사학자들은 명예혁명을 높이 평가하지 않는다. 따라서 현재 명예혁명을 되돌아보는 것은 대부분 헌정의 관점에서 이루어지고, 영국 혁명이 폭력유혈 사태가 벌어진 프랑스 대혁명보다 성공적이고 현대적이었다고 설명한다.

여러 전문가들이 명예혁명을 다양한 각도로 해석하는 데 서로 대조를 이루는 것이 흥미롭다. 대중의 관심은 대부분 종교적인 힘을 빌린 권력투쟁에 집중되어 있다. 가톨릭 신자인 제임스 2세가 집권 후 천주교 세력을 확장하고 청교도를 박해하고 천주교를 믿는 프랑스와 동맹했다는 내용이다. 청교도가 주체가 된 영국의 자산계급과 신귀족 집단이 천주교를 믿지 않는 제임스 2세의 딸 메리와 사위 네덜란드 총독 윌리엄과 함께 연합정치를 폈다. 1688년, 윌리엄 부부는 군대를 이끌고 와서 제임스 2세를 하야시키고 프랑스로 유배 보냈다. 그 후 부부는 함께 영국을 통치하며 "천주교인은 영국 국왕이 될 수 없고, 국왕은 천주교인과 결혼해서는 안 된다"고 선언했다. 혈육 간의 전쟁이자 궁정반란이며 국교를 바꾼 이 사건은 문학작품에도 자주 등장한다.

24 마그나 카르타: 영국의 귀족들이 영국의 국왕에게 강요하여 왕권의 제한과 제후의 권리를 확인한 문서. 영국 헌법의 근거가 된 최초의 문서. 17세기의 국왕의 전제로부터 국민의 권리와 자유를 지키기 위한 전거(典據)로 받아들여 권리 청원, 권리 장전과 더불어 영국 입헌제의 기초가 되었다.

정치가와 법률학자는 400년의 역사를 더 거슬러 올라가 잉글랜드 귀족의 협박과 위협으로 영국 국왕 존이 1215년 어쩔 수 없이 '마그나 카르타(Magna Carta)'24를 승인했고, 이는 봉건귀족과 왕실간의 정치권리에 관한 계약이라고 했다. 그중 제39조가 가장 영향력이 있는데, '자유민은 동등한 신분을 가진 자에 의한 합법적 재판 혹은 국법에 의하지 않고서는 체포, 감금, 추방, 재산의 몰수, 살해 또는 어떠한 방식의 고통도 받지 않는다'는 내용이다. 덕분에 인신 보호에 관한 개념이 성립되었다. 또한 법이 국왕 개인의 의지보다 높다는 사회적 공감대가 형성되었고, 국왕이 수백 년 동안 계속 권력을 확장해도 이 조항은 줄곧 지켜졌다. 명예혁명 이후 새로 즉위한 국왕은 자신의 즉위를 지지한 영국 자산계급 대표들이 있는 자리에서 '권리장전'에 마지못해 서명했다. 1689년에 윌리엄 3세가 서명한 '권리장전'은 영국의 매우 중요한 정치법률 법안이다.

권리장전에는 영국 국민의 박탈당할 수 없는 민사, 정치적 권리에 대해 규정했다. 내용은 다음과 같다. '국왕은 법률에 관여할 수 없다. 의회의 동의 없이 국왕은 세금을 거둘 수 없다. 국민은 국왕에 청원할 권리가 있다. 국민은 무기 소지로 자신을 지킬 권리가 있다. 국민은 의회 의원을 선거할 권리가 있다. 국왕은 의회의 언론자유를 침해할 수 없다. 국민은 참혹하거나 매우 엄중한 처벌을 받지 않을 자유가 있다. 국민은 재판 이전에 벌금을 내지 않을 자유가 있다' 등이다. 그러나 아직까지도 지구상에는 이런 기본권리를 보장받지 못하는 국민이 많이 있다. 수백 년 동안 세계 각지에서 일어난 유혈 폭력이나 혁명과 비교해 보면, 영국 국민의 이런 권리 실현은 무혈혁명을 통해 얻은 결과이고, 이것이 바로 '명예혁명'이 명예로운 점이다.

법률과 헌장 버전은 명예혁명의 결과를 받아들이고 이를 제도화했다. 이후 프랑스나 미국에서 전쟁이나 폭력을 통해 제도개혁을 이룬 것과 비교해 보면 영국의 명예혁명은 더 많은 설명이 필요하다. 프랑스의 정치학자 토크빌은 그 후의 역사연구서에 영국인의 성격과 이성까지 분석 요인에 포함시켰다. 그러나 그가 이렇게 한 이유는 프랑스 지식인의 낭만에 대한 열정과 폭력 성향을 비판하기 위함이었다.

몇 해 전 미국의 노벨 경제학상을 수상한 더글러스 노스 교수는 경제 제도와 금융 파워의 관점에서 영국 명예혁명 배후의 상업적 배경을 분석한 책을 썼다. 하나로 통일된 중국과 달리 중세 유럽은 교권과 왕권이 서로 힘겨루기를 하던 시대였다. 그래서 각국의 국왕은 한정된 영토에서 왕권의 경제적 파워를 확장하기 위해 애썼다. 증세, 융자, 매관, 화폐 발행, 징용은 왕권과 정부의 권력을 확대하는 주된 수단이었다. 그러나 왕실의 권력은 교권의 지지를 받던 신귀족 영주와 신흥 자산계급의 상업적 세력에 제압되었다.

이런 관점에서 출발해 다시 '권리장전'의 탄생과 명예혁명의 배경을 보면 다른 시사점을 얻게 된다.

명예혁명이 가져다준 금융경제상의 발전

13세기 이전, 영국의 토지는 대부분 개인과 교회의 소유였고, 왕실의 소유는 극히 일부에 불과했다. 1436년의 기록을 보면,

영국 왕실은 3퍼센트만을 소유했고, 개인이 45퍼센트(대부분이 귀족과 신사가 소유), 교회가 20~25퍼센트를 소유하고 있었다. 왕실은 남의 토지에 대해 세금을 마음대로 거둘 권력이 없었다. 1251년에 봉건귀족은 국왕에게 '마그나 카르타'를 발표하라고 압력을 행사했다. '마그나 카르타'는 영국 귀족의 정치권리와 자유를 보장했고, 교회가 국왕의 손에서 벗어날 수 있게 했다. 동시에 법률과 사법제도를 개혁하고 국왕과 왕실 관리의 행동을 제한했다. 63개 조항으로 이루어진 '마그나 카르타'는 왕실의 사냥 범위를 제한하는 등 대부분이 13세기 당시의 상황을 근거로 정해졌다. 그중 가장 영향력이 있었던 것은 제39조였는데, 인신보호에 대한 개념을 탄생시킨 조항이다. '자유민은 동등한 신분을 가진 자에 의한 합법적 재판 혹은 국법에 의하지 않고서는 체포, 감금, 추방, 재산의 몰수, 살해 또는 어떠한 방식의 고통도 받지 않는다.' 국왕이 만일 어떤 사람을 심판하고자 한다면 개인의 주관이 아닌 이 조항대로 법률에 근거해야 했다. 이런 식으로 왕권을 제한했다.

또 '마그나 카르타'는 왕실이 개인의 토지재산권을 반드시 인정하고 보호해야 한다는 내용을 명문화했다. 이는 정부권력을 견제하는 제도적 기초로 재산권의 기초가 되기도 했다. 이렇게 말하는 사람도 있다. "영국의회에서 과수원 임대권이나 초가집의 1년 이윤, 작은 술집이나 빵집의 신용, 소유권을 침해했다는 미미한 사항을 처벌하더라도 프랑스에서 가장 존경받는 인물의 가장 역사 깊고 가장 가치 있는 부동산이나 프랑스 전체 상업이나 금융계의 사건을 처리하는 것보다도 훨씬 상대를 존중한다."

비록 '마그나 카르타'의 제약에도 불구하고 일부 국왕은 암암리에 왕권을 확장하고, 의회와 신귀족의 마지노선을 침범했다.

영국 스튜어트 왕조 시기 정부는 재정, 세수, 융자 문제로 신흥 지주나 자산계급과 마찰을 빚었다. 전쟁과 사치 때문에 스튜어트 왕조의 재정은 궁핍했다. 이 문제를 해결하기 위해 '마그나 카르타'를 어기는 일이 잦아졌다. 의회의 동의 없이 국왕은 일방적으로 명령을 내려 국민에게 강제적으로 세금을 거두었다. 또 왕실은 대출로 재정 적자를 메웠다. 스튜어트 왕조가 주로 쓴 수법은 협박과 회유였다. 왕실은 신귀족 계층에 대출을 강요하고, 국왕은 약속한 날짜에 돈을 갚지 않거나 고의로 연체했다. 1604~1605년 2년 사이, 국왕은 1년 만에 111,891파운드의 돈을 빌렸다. 결국 갚았지만 그중 20,363파운드는 1609년 12월이 되어서야 갚았다. 1617년 억지로 받아낸 대출금은 1628년이 되어서야 갚았다. 1611~1625년 사이 국왕은 같은 방법으로 돈을 빌렸고, 이는 점점 관례가 되어 결국 세금과 다를 바가 없었다.

스튜어트 왕조 시기에 국왕들은 독점권 판매 방식으로 수입을 늘렸다. 국왕은 특허권을 새로운 방식으로 사용했다. 특허권은 원래 신기술 발명을 장려하고 보호하기 위해서지만, 당시에는 기존산업이 기술 진보라는 미명하에 독점을 저지하는 용도로 쓰였다. 독점권은 일반적으로 고수익의 경제활동에 종사하는 사람들에게 판매되었다. 주로 신흥지주와 귀족들인데, 그들은 특허권이 필요할 때가 많았다. 이는 국왕이 수입을 위해 가장 기본적인 경제활동에까지 관여했음을 의미한다.

1640년, 정부는 런던탑에 저장해 놓은 금괴를 몰수했는데, 사실은 경제적 이익을 취하려는 목적이었다. 이로 인해 많은 상인이 파산했고, 이는 넘지 말아야 할 선을 넘은 것이었다. 전통의 봉건주주와 신흥 자산계급간의 마찰이나 의회와 국왕권력 사이의 갈등이 누적되기 시작했다. 국왕은 몇 차례 의회를 해산하고, 일반법정을 허수아비로 만들고 황실법정을 따로 만들었다. 이 법정은 의회 입법권을 철회하고 전권 입법권을 행사했다. 국왕의 측근들로 구성된 황실법정은 입법, 사법, 집법 권한을 모두 장악했다.

17세기 중후반에 이르러 영국과 네덜란드 관계가 긴장되기 시작하자 전쟁 준비를 위한 충분한 재원이 필요했다. 영국 국왕 찰리 2세는 의회연설을 성공리에 마침으로써 1662년에 '난로세' 입법을 통과시켰다. 즉, 집에 난로가 있는 사람은 모두 2실링의 세금을 납부해야 했다. 식구가 몇 명인지, 집이 몇 평인지는 중요하지 않았고, 집에 난로가 있으면 세금을 내야 했다. 통계에 따르면, 당시 영국 정부는 1년에 200만 파운드의 난로세를 거두었다. 이는 인두세와 본질적으로 비슷한 재산세라 할 수 있다. 1683~1684년에 찰리 2세는 직접 난로세와 화물세를 관리했다. 재정수입이 해마다 늘어 1684~1685년에는 137만 파운드까지 늘었다. 신흥계급들이 이런 터무니없는 세금을 달가워할 리 없었다.

제임스 2세에 이르러 제멋대로 구는 국왕의 행동이 도를 넘었다.

제임스 2세는 전쟁을 명목으로 새로운 세목을 계속 만들고 세율을 높였다. 이 과정에서 의회를 완전히 무시한 채 추진되어 의회의 원성이 자자했다. 동시에 관직매매로 지대추구[25]를 확대했다. 이를 위해 국왕만을 위한 관료체계를 만들어 국왕과 정부에 대한 의회의 감독 기능이 크게 약화되었다.

더욱이 국왕은 적자로 왕실의 명예를 지켰고, 전쟁에 필요한 자금을 조달하기 위해 정부채권을 발행했으며, 부유층에게 돈을 빌렸다. 이런 채권은 수시로 부도가 나거나 지불이 무기한 연기되었다. 사실상 귀족을 상대로 재산을 착취한 것이다. 왕실로 인해 정부의 신용이 무너졌고, 대중의 대출 기회도 축소되었다. 또한 정부는 융자 능력이 상실되고, 민간경제와 신귀족의 발전 여지도 사라졌다. 이에 신자산 계급의 원성이 높아지며 모두가 제임스 2세의 적대세력으로 돌변했다. 이렇게 해서 영국 혁명의 기반이 만들어졌다.

명예혁명 이후 의회의 동의 없이 세금을 강제로 거둘 수 없게 되는 등 국왕의 권한이 크게 축소되자 안정적으로 협상이 가능해졌다. 지속적인 협상과 흥정으로 대중이 원하던 안정과 경제 운영의 투명성이 향상되고, 불필요한 비용이 줄었다. 역으로 경제력이 상승해 세수가 확대되고, 국왕의 경제력도 합리적인 수준으로 자리잡았다. 동시에 의회의 제약으로 국왕은 적정 금리와 상환을 약속한 후 대출을 받을 수 있었다. 이에 공채시장이 발

25 지대추구: 이윤 극대화 등 기업의 경제적 이익 추구 행위나 과정 또는 정치국면 안정이나 확고한 정치관계 극대화를 위한 정부의 정치이익 추구 행위나 과정.

전하고, 잉글랜드 은행의 업무도 활기를 띠었으며, 영국의 금융제도는 진보하고 보장을 약속받았다.

명예혁명이 만들어 낸 헌정제도는 정부가 약속을 이행하도록 만들었다. 정부는 이때부터 저금리로 대출이 가능해졌고, 전에 없던 재정자원을 확보했다. 19세기 초, 주니어 피트 수상은 이렇게 말했다. "이 민족의 생기 혹은 독립은 모두 국채 위에 세워졌다." '명예혁명' 이전인 1688년 영국 정부의 부채는 200만 파운드에 불과했지만, 100년 이후인 1790년에는 2억 4,400만 파운드로 당해 연도 세수의 15배에 달했다. 재정기초가 건전해지자 영국은 프랑스와의 패권전쟁에서 승리하고 빠르게 부상했다.

다시 처음에 언급했던 신해혁명으로 돌아가 보자. 신해혁명과 명예혁명의 시시비비를 가리기보다는 사고의 실마리를 제공하고자 한다. 명예혁명 배후의 상업적 요인으로 협상의 가능성이 생겼고, 양측이 합의만 한다면 마찰은 없을 것이었다. 신흥 자산계급은 세수를 협상할 권리를 얻길 원했고, 국왕이 최종 타협해 혁명은 성공적으로 끝났다. 이는 서양 혁명에서 보기 드문 사례다. 반대로 동양의 혁명은 주로 민족이나 민주로 시작해 한쪽이 완전히 소멸되어야 최종 타협이 이루어지니 협상의 여지는 별로 없다 하겠다. 이런 관점에서 보자면, 영국이나 일본식의 점진적인 혁명과 러시아나 프랑스 내지는 중국식의 혁명은 생각해 볼 가치가 크다.

제10장

고리대금과
현대 금융의 기원

종교와 세속의 이중 압력 속에서 고리대금업자는
꿋꿋하게 현대 금융업을 발전시켰고,
산업혁명에 윤활유 역할을 했다.
오늘날 고리대금은 사라졌지만 도덕적인 비난은 여전하다.

고리대금의 역사

　　고리대금은 금융업이 떨쳐버리지 못하는 도덕적 꼬리표다. 가치 판단이나 사실적 분석보다 문학과 정서적으로 과장된 내용이 사람들의 마음을 더 사로잡는다. 사실 고리대금이라는 단어 자체가 가치를 판단하는 말이다. 정상적인 금리에 대한 기준은 사람, 지역, 상황, 시대마다 모두 주관적인 기준으로 판단하기 때문이다. 물론 고리대금이라는 용어를 사용했다면 사실 여부를 떠나 도덕적인 비난을 피하기는 어렵다. 고리대금이 인류의 역사 발전과 함께 살아 숨 쉬었어도 역사적으로 이를 긍정적으로 평가하는 사람은 보기 드물다.

　　고리대금은 영어로 'Usury'이다. 유럽 중세기 이전 이는 대출에 관한 이자나 이자 지불 행위를 뜻하는 단어였지만, 15세기 이후에는 시장 이자보다 높은 추가 이자를 의미하는 단어가 되었다. 요즘은 탐욕이나 사기행위로 통한다.

　　고대 농경 시대에는 생산 주기나 환경 변화 등의 요인으로 농민이나 마을끼리 서로 돕고 돈을 빌려주는 거래가 흔했다. 협의를 통해 일정한 이자도 지불했다. 도덕적인 평가나 분쟁이 발생하면 관이 개입을 했지만, 적어도 100년 전까지 중국에서 고리대금은 법률이나 정치문제가 아니었다. 그러나 유럽사회는 달랐다.

메소포타미아인과 이집트인에게 이자는 당연한 것이었다. 그러나 유대인은 민족끼리 거래에 이자를 지불하는 것을 금지했다. 로마시대에는 상업경제와 시장거래가 법률적 보장을 받으면서 정부와 국민, 군인, 국제교역에서 돈을 빌리면 이자를 지불하는 것은 당연한 것이었다. 기록을 보면, 당시 연이율이 4~12퍼센트 정도였다.

기독교 교의가 전파됨에 따라 구약과 신약은 모두 이자 지불을 죄악으로 보았다. 전통적인 교의에서는 모든 보답은 노동을 통해서 얻어야 하고 불로소득은 죄악이었다. 돈이 있는 사람이 돈을 빌려주고 이자를 받는 것은 탐욕과 사기, 꼼수에서 비롯된 부도덕한 행위로 간주되었다. 당시 플라톤, 키케로, 아리스토텔레스와 같은 유명한 학자들은 모두 고리대금을 비난하는 글을 썼다. 마찬가지로 동양의 종교를 대표하는 무함마드나 석가모니도 고리대금을 반대했다.

325년, 로마 교황은 교인들의 고리대금 사용을 금지한다는 법률을 반포함과 동시에 1퍼센트가 넘는 대출금리는 모두 고리대금이라고 명확한 기준을 제시했다. 이 금지령은 나중에 일반 평민들에게까지 적용되었다. 1179년, 천주교회는 고리대금업자의 종교 장례를 불허했다. 교황 클레멘스는 1311년 고리대금을 공개적으로 비난하고 법률로 금지할 것을 요구했다. 이탈리아 시인 단테는 〈신곡〉에서 "목에 돈 가방을 걸고 알록달록한 장신구를 달고 굶주림이 가득한 눈빛"으로 묘사하며 고리대금업자를 신랄하게 비난했다.

종교와 세속의 이중 비난을 받으며 도처에서 배척을 당하기만 하던 유대인이 이 영역에 발을 들여놓았다. 그들은 여러 곳을 떠돌았기 때문에 농사나 제조업처럼 안정적으로 재산을 일구거나 하나님과 가장 가까운 업종에 종사할 수가 없었다. 유대인은 세금 징수 위탁이나 대출 등 부도덕하다고 간주되는 일밖에 할 수 없었다. 사실상 당시 모든 고리대금의 이미지나 인물은 모두 유대인과 관련이 있었다.

셰익스피어의 《베니스 상인》에 나오는 탐욕스러운 유대상인도 고리대금업자다. 성실한 안토니오가 빚을 못 갚게 되자 샤일록은 약속대로 살점 1파운드를 떼어 내라고 했다. 이 이야기는 지금까지도 고리대금업자와 유대인에 대한 적대감을 불러일으킨다.

13세기, 동양종교가 붐을 일으키며 기독교가 쇠락하기 시작했다. 이탈리아의 신학자 토마스 아퀴나스는 혼탁한 무역시장에 대한 감회와 고리대금에 대한 내용을 자신의 저서 《신학대전》에 언급했다. 그는 이렇게 말했다. "만일 악성부채가 생기면 돈을 빌려준 사람은 이자로 보상받아야 한다. 적당한 이자는 합법적이다." 훗날 많은 학자도 은행가와 고리대금업자를 구분해서 말했으며, 경제 발전을 위해 이자를 받는 것은 은행의 본분이라고 했다. 이는 이자를 받는 대출업자에게 상당한 도덕적 편안함과 세속적 지원이 되는 말이다.

사실 고리대금은 완전히 근절된 적이 한 번도 없었다. 그래서 중세 시대 1000년 동안 교황이 계속해서 금지령을 선포한 것이다. 유대인뿐만 아니라 기독교인들도 다양한 신용대출 도구를 만들어 다른 비용이나 서비스를 통해 이자를 받았다. 가장 일반적인 것으로는 계약서를 이중으로 만들어 존재하지 않는 서비스에 대해 이자를 받았다. 이것이 바로 이중계약서의 기원이다.

1394년, 기독교도들의 대부업 종사가 금지되었다. 이탈리아로 이주한 유대인은 피렌체 교외의 일부 제한된 지역에서 대부업을 할 수밖에 없었다. 그러나 1437년 피렌체는 유대인에게 허가증을 4장 발부해 도시에서 은행을 설립할 수 있도록 허락했다. 이는 매우 상징적인 중요한 사건이다. 소식이 빠르고 팀워크가 좋은 유대인은 즉시 유럽 각지에 4개 은행 업무를 대행해 주는 지사와 네트워크를 구축했다. 특히 환어음이라는 중요한 거래도구가 발명되어 피렌체는 순식간에 제노바를 제치고 현대 은행의 허브가 되었다.

유대인의 사업이 번창하자 기독교인들이 모방하기 시작했다. 게다가 종교개혁이 일어나면서 중세기 고리대금에 대한 금지령은 유명무실해졌다. 메디치 가문은 현대 은행업의 진정한 창시자로, 그들은 유대인을 배척하지 않고 함께 피렌체를 르네상스 운동의 중심으로 탄생시켰다. 사실 르네상스의 번역은 정확하지 않다. 부흥이라는 이름하에 문화, 종교, 법률, 비즈니스를 모두 개혁했다. 도덕적 편견을 받던 고리대금 등 금융 관련 의식도 철저하게 세례를 받아 훗날 유럽 산업혁명의 윤활제가 되었다.

그런데 유대인이 금융으로 성공을 거두자 다른 민족이 질투하기 시작했다. 메디치 가문은 몰락했고, 고리대금업을 하던 유대인은 예외가 없는 한 가슴에 유대인이라는 표식을 달아야 했다. 이런 이유로 유대인은 이탈리아 금융계에서 서서히 자취를 감추었다. 제2차 세계대전 당시 히틀러 정권은 다시 유대인 차별정책을 부활해 유대인 대학살이라는 비극을 초래했다.

흥미로운 점은 1642년 교회는 고리대금업자에 맞서기 위해 전당포를 만들어 소비자와 생산자가 물건이나 토지를 담보로 돈을 빌릴 수 있도록 하고 원가 정도의 이자를 받았다. 지금의 방글라데시 그라민 은행과 유사한 형태다. 교회의 간섭과 세속의 저지에도 고리대금업은 사라지지 않았다. 현대적인 은행이 발전하고 다양한 금융상품이 소개되고 많은 소비자와 생산자가 금융을 이해하고 선택과 흥정노하우를 터득하자 고리대금업이 서서히 자취를 감추었다. 그리고 18세기 산업혁명 이후에는 도덕적인 단어로 변했다.

제11장

3대 금융버블
사건의 진상

3대 금융버블 사건은 흔히들 말하는 소수의 사기꾼이
만들어 낸 덫에 대중이 걸려든 사건이 아니다.
정부가 독점과 권력으로 대중을 적나라하게 약탈한 사건이다.

튤립투기 사건

금융위기 때마다 언론에서는 과거 발생했던 3대 금융버블 사건을 언급하며 대중을 교육한다. 네덜란드의 튤립투기 사건, 프랑스의 미시시피 회사 사건, 영국의 남해 회사 사건이 그것이다. 교과서나 언론에서는 3대 사건을 모두 정부가 감독을 소홀히 한 틈을 타 소수의 사기꾼이 만들어 낸 덫에 대중이 걸려들어 인명과 재산상의 손실과 경제 파탄을 초래한 금융과 사회의 비극이라고 말한다. 그래서 역사적인 경험에서 보듯 정부가 관리감독을 강화해 부적절한 금융행위를 엄격히 다스려야 한다고 주장한다. 그러나 100년 동안이나 홍보했음에도 불구하고 이 3대 버블 사건은 더 광범위하고 큰 규모의 비극적 사건을 예방하지 못했다. 이는 분명 다시 한 번 역사를 되새겨 볼 필요가 있는 대목이다.

1635~1637년 사이에 발생한 튤립투기 사건은 당시 해양 강국이었던 네덜란드에서 발생했다. 수도 암스테르담은 이미 국제 무역의 중심으로 성장한 상태였다. 그보다 몇 년 전 터키 사람이 톈산(天山) 산맥이 원산지인 튤립을 이스탄불로 가져와 궁중에 소개한 후에 튤

립은 동양에서 온 인기상품이 되었다. 후에 독일 식물학자가 이를 인공 재배하는 과정에서 바이러스의 돌연변이 때문에 뿌리가 아름답게 변종된다는 사실을 알게 되었다. 이렇게 변종된 튤립을 시장에 내놓자 반응이 좋았다

17세기 초, 튤립 중의 일부 진품이 예사롭지 않은 가격으로 팔리기 시작했고, 부유층들은 정원에 최신의 가장 희귀한 품종을 심기 위해 경쟁했으며, 식물 애호가들과 신귀족 상인들은 변종된 튤립을 키우는 것을 영광으로 생각했다. 1630년대 초에 이르러 이 유행은 놀랄 만한 투기로 번졌다. 사람들은 보고 즐기기 위해서가 아니라 폭리를 취하기 위해 튤립을 사기 시작했다.

일부 투기꾼들은 재빠르게 튤립 뿌리를 사 모아서 값이 오르기를 기다렸다. 여론의 홍보로 일반 국민까지 튤립에 병적인 관심과 환호를 보내기 시작했고, 튤립 뿌리를 사기 위해 혈안이 되었다. 1634년에 이르러 튤립 투기 열풍으로 네덜란드 전국이 들끓었다.

튤립 거래의 편의를 위해 1636년 암스테르담 증권거래소에는 튤립 전담 거래시장이 생겼다. 당시 어느 역사학자의 표현을 보면 상황을 짐작할 수 있다. "튤립 열풍이 영원할 것이라고 모두 믿었다. 세계 각지의 부호들이 네덜란드로 주문서를 보냈고, 금액에 관계없이 모두 지불했다. 축복받은 네덜란드에는 더 이상 가난이란 없었다. 귀족, 시민, 농민, 공인, 선원, 하인, 웨이터 심지어 굴뚝 청소부나 낡은 옷을 수선하는 아낙네까지 모두 튤립을 샀다."

"1636년, 한 그루에 3,000길더인 튤립은 돼지 여덟 마리, 튼실한

수소 네 마리, 우유 2톤, 치즈 1,000파운드, 은잔 하나, 옷 한 벌, 매트리스가 달린 침대, 배 한 척과 바꿀 수 있었다." 그러나 이런 시장은 오래 지속될 수가 없었다.

튤립은 성장 속도가 6~7년 정도로 매우 느리기 때문에 시장의 수요를 따를 수가 없었다. 때문에 선물거래가 생겨났다. 호텔 연회장을 빌려 거래를 했고, 영수증은 이서한 후 바로 유통되어 거래자의 신분을 정확히 알 수 없었다. 투기꾼의 농간으로 더 많은 사람이 거래에 뛰어들어 가격을 끌어올렸다. 품종 가격이 1년 동안 100배나 올라 시장 수요를 더욱 부추겼다. 가격 상승은 축제가 끝남과 동시에 돌연 위기로 변했다.

1637년 2월 4일, 매도자가 갑자기 튤립을 대량으로 팔자 대중은 공황상태에 빠졌고, 튤립시장은 하루아침에 붕괴되었다. 네덜란드 정부가 튤립 뿌리 가격이 하락할 이유가 없다는 긴급성명을 발표하며 매각을 멈춰달라고 권고하고, 계약 가격의 10퍼센트로 모든 계약을 종결지으려 했지만 모두 헛수고였다. 일주일 후 튤립 가격은 평균 90퍼센트 하락했고, 일반 품종은 양파 한 개 값도 안 되었다. 절망에 빠진 사람들은 손실을 만회하고자 법원으로 몰려들었다. 그러나 1637년 4월, 네덜란드 정부는 모든 계약을 중지시키고 투기 목적의 튤립 거래를 금지하면서 사건은 흐지부지 끝났다. 튤립 버블 사건은 당시 네덜란드 경제에 큰 충격을 주지는 않았다. 단지 훗날 근검절약을 중시하는 칼뱅주의가 탄생할 때 성직자들은 튤립 사건을 예로 들며 인간의 탐욕을 비난하는 정도였고, 200년 후 어느 베스트셀러에 이 사건이 소개될 정도였다.

정부가 원인제공자인 미시시피 회사와 남해 회사 버블 사건

프랑스의 미시시피 회사 버블 사건은 유명한 금융가 존 로 (1671~1729)에 의해 일어났다. 존 로는 스코틀랜드 경제학자로, 은행가인 아버지는 부동산 부호였다. 로는 열네 살부터 가족을 따라 금융 업무를 익혔고, 아버지가 세상을 뜬 후 모험 삼아 런던으로 가서 도박을 하고 큰돈을 잃었다. 후에 로는 한 여인을 두고 결투 중 상대방을 죽여 네덜란드 암스테르담으로 피신했다.

로는 국립은행을 설립하고 금은이나 토지를 담보로 화폐를 발행하고, 국가가 자원을 독점하고 국유회사의 경영 이윤으로 외채를 갚자고 주장했다. 계속되는 그의 건의에도 불구하고 스코틀랜드 정부는 그의 건의를 받아들이지 않았다. 로는 프랑스와 네덜란드를 오가며 금융투기 거래를 했다. 동시에 그는 상류층과의 만남을 가지며 기회를 노리고 있었다.

프랑스는 루이 14세가 서거한 후 국고는 텅 비었고 국가는 그야말로 위기였다. 프랑스 섭정왕 필리프 2세는 존 로를 프랑스 재무대신에 임명했다. 1716년 5월 어느 날, 존 로는 프랑스에 일명 '방크 제네랄'이라는 은행을 설립했다. 이 은행은 네덜란드 은행처럼 예금과 대출업무 외에도 화폐 발행이라는 독특한 기능을 수행했다.

이날부터 존 로가 직접 진두지휘한 프랑스 화폐혁명이 희망에 들뜬 분위기 속에서 서막을 열었다. 이는 말도 안 되는 화폐제도 개혁이었다. 존 로의 개혁으로 프랑스의 화폐체계는 금속화폐 시대에서 지폐 시대로 순식간에 넘어가 정부는 지폐를 법정화폐로 정하고 이를 전국으로 유통했다. 이때부터 '리브르' 지폐가 통용되기 시작했다.

몇 년 후, 방크 제네랄 덕분에 정부가 큰 이윤을 얻자 정부는 지체 없이 은행을 인수하고, 존 로를 계속 은행 관리인으로 채용했다. 이는 존 로에게는 토사구팽과도 같은 대우였다. 존 로는 불쾌한 마음에 이때부터 1년 전에 세운 '미시시피 회사'에 온 정열을 쏟기 시작했다.

프랑스 정부는 이 회사가 처음 설립되었을 때 많은 특혜를 주었다. 여러 분야와 지역에서 무역 관련 독점을 허락했다. 그해 프랑스 정부는 존 로를 위로도 하고 또 더 많은 이익을 얻기 위해 동인도 일대의 무역 일부를 미시시피 회사에 주기로 결정했다. 덕분에 회사는 빠르게 성장했다. 존 로는 무역 관련 특혜 외에도 미시시피 회사 명의로 주식을 발행했다. 여기에는 정부를 대신해 방대한 채무를 해결하고자 하는 동기도 있었고, 자기 개인의 이익을 위한 것도 있었다.

네덜란드 동인도 회사의 주식과 달리 미시시피 회사의 주식은 거래방식이 좀 특이했다. 국채채권으로 같은 값의 회사 주식을 구매할 수 있었다. 당시 500리브르인 국채채권이 시장에서는 150리브르밖에 하지 않았다. 그러나 무역업의 성장으로 미시시피 회사의 주식은 상승 일로였다. 국채채권을 보유한 사람들은 거래소로 몰려와 채권을 미시시피 회사 주식으로 바꾼 뒤 주식이 오르기를 손꼽아 기다렸다.

시장에서는 사자주문이 폭주해 주가는 연일 폭등했고, 투기 조짐이 서서히 나타나기 시작했다. 투기 방법은 다음과 같다.

A군이 좀 멀고 정보도 별로 없는 지역에서 500리브르의 국채채권을 150리브르에 산 후 거래소에 가서 500리브르의 미시시피 회사 주식으로 바꾼다. 그리고 주식을 팔면 주식은 오르지 않았지만 A군은 350리브르를 벌게 된다.

이런 투기행위가 프랑스 전역으로 퍼져나가 국채채권으로 주식을 살 수 있다는 사실을 온 국민이 알게 되었다. 이 주식은 절상이나 태환이 가능했다. 국채투기는 뚝 끊겼고, 민간이 보유한 국채량이 급감했다. 이러한 영향에 힘입어 미시시피 회사는 프랑스 국내 최대의 채권자가 되었고, 미시시피 회사의 사장이자 프랑스 황실은행의 관리인 존 로는 화폐발행 대권을 거머쥐게 되었다. 전체 상황을 보면 매우 교묘하게 잘 넘어가는 듯 보였지만, 실상은 거의 바람 앞의 등불처럼 위태로웠다.

다양한 투기 행위 속에서 미시시피 회사의 주가는 계속 치솟았고, 존 로는 시장 수요를 만족시키기 위해 신주를 계속 발행했다. 회사 주가는 폭등해 주당 9,000리브르까지 고공 행진했다. 존 로는 주가를 한 번 더 끌어올리기 위해 화폐 발행을 늘리기로 결심했다. 이 사건으로 훗날 존 로는 맹렬한 비난을 받았지만, 사실 당시의 상황에서 그가 어떤 결정을 내렸어도 결과는 달라지지 않았을 것이다. 이런 버블 사건에 대해서는 지금까지 그 어느 누구도 해법을 제시하지 못하고 있다.

예상대로 버블은 붕괴됐고, 1세기 전의 네덜란드 상황과 별반 다를 바가 없었다. 슬피 우는 투자자와 참담한 표정의 사람들이 도처에 가득했고, 거래소는 휴업에 들어갔다. 다른 점이 있다면 은행도 강제 폐업 당한 점이다. 또 한 번 천당에서 지옥으로 떨어졌다. 이런 느낌은 아마도 번지점프를 할 때 가장 높은 곳에서 떨어지는 순간 줄이 끊어진 것을 알아채는 느낌과도 비슷할 것이다.

튤립 사건과 다른 점은 이번 사건은 단순히 거래시장만 붕괴된 것이 아니라 화폐체계가 완전히 붕괴되었다. 프랑스 주가는 1719년 5월부터 계속 폭등해 1720년 5월에는 상승폭이 과거 13개월 대비 20배나 올랐다. 그달부터 주가는 13개월 연속 하락해 최종 주가는 13개월 이전의 5퍼센트에 불과했다. 이를 표현하면 매우 완벽한 2차 함수 그래프가 탄생할 것이다. 완벽히 대칭을 이루는 주가 포물선은 금융역사상 처음이었고, 그 후에도 없었다.

미시시피 버블이 붕괴된 후 공공의 적이 된 존 로는 여장을 하고 브뤼셀로 도망쳤다. 훗날 그는 유럽을 떠돌며 도박을 하다 가난에 찌들어 베네치아에서 생을 마감했다.

이와 유사한 남해 회사 버블 사건은 영국 정부의 국가정책이 만들어 낸 사건이다. 프랑스처럼 상황이 어려웠던 영국 정부는 스페인 왕위 계승으로 인한 전쟁 비용을 감당할 능력이 안됐다. 그래서 국가 독점경영으로 국가채무를 지불하기로 결정했다. 영국 재무 장관 할리가 남해 회사를 세워 남아메리카와 태평양 군도의 무역과 상업 경영을 독점했다.

남해 회사는 미시시피 회사의 방식을 모방해 거액의 주식을 발행해 정부 국채를 수매했다. 이렇게 하면 정부의 이자지출 부담을 줄일 수 있고, 회사는 주식을 이용해 안정된 수입의 국채를 얻을 수 있었다. 영국 국왕 조지 1세와 2세가 남해 회사의 총재를 역임한 사실은 눈여겨볼 만하다. 사실상 남해 회사는 별다른 하는 일도 없이 배만 몇 척을 보유한 회사였다. 그런데 대중이 이런 회사에 투자하고 열광하는 이유는 독점 경영권과 정부의 신용 그리고 미래에 대한 기대 때문이었다. 정부관리와 내부 관계자들 간의 주식거래도 주식 폭등에 한몫했다.

남해 회사 주식 덕분에 영국의 모든 주식회사 주식이 투기 대상이 되었다. 군인, 가정주부를 포함해 물리학자 뉴턴을 비롯한 각계 인사들이 모두 이성을 잃고 소용돌이에 빠졌다. 회사의 경영 범위와 경영 상황, 미래 전망이 어떠한지 개의치도 않고, 그저 큰돈을 벌게 될 것이고 주가가 평균 5배 오를 것이라는 회사의 말만 믿었다. 대과학자 뉴턴도 나중에 이렇게 한탄했다. "천체의 운행궤적을 계산해 내는 내가 인간이 이렇게 광분할 수 있다는 것은 예측하지 못했다."

1720년, 남해 회사의 주식은 128파운드에서 1,000파운드까지 올랐다. 아울러 남해 회사를 모방한 회사들이 난립하며 불법상인이나 사기꾼들이 이에 편승해 상황을 더욱 혼란스럽게 만들었다. 1720년 6월, '버블회사'가 난립하자 이를 저지하기 위해 원인제공자인 영국 정부는 '버블법안'을 발표해 많은 회사를 해산했다. 꿈에서 깨어난 대중은 한두 회사를 의심하다 의심이 남해 회사로까지 옮겨갔다. 7월부터 외국 투자자들이 남해 회사 주식을 팔기 시작했고, 국내 투자자들도 가세해 남해 회사 주식은 곤두박질쳤다. 9월에는 주당 175파운드, 12월에는 124파운드까지 떨어졌다. 남해 회사 버블이 붕괴된 후 국왕은 휴가를 취소하고 돌아와 정사에 임했다. 국회는 조사위원회를 발족해 재무 장관 등 10여 명의 고위공직자를 체포하고 자산을 몰수해 주주들에게 상환했다.

지금에 와서 보면 소위 말하는 3대 버블 사건 중 튤립 사건은 상품 품종을 투기한 것이므로 나머지 두 사건보다 충격이 크지 않았다. 도덕적 교훈을 주는 사건이지 금융사건이라고 하기에는 무리가 있다. 이와 유사한 사건은 그 후에도 많았다. 중국에도 군자란 투기 사건이나 개미, 나무묘목 투기 등의 유사한 사건이 있었다.

미시시피 회사와 남해 회사는 정부가 직접 관여를 했기 때문에 환경을 완전히 초월하는 금융혁신이자 화폐의 실제와 시장거래 메커니즘 이면의 정부채무를 재조정하는 면을 다소 엿볼 수 있다. 특히 케인스주의자인 존 로는 정부경영으로 수요를 자극했다. 그러나 이런 구제책은 국왕과 귀족의 탐욕 그리고 독점 권력을 이용해 대중의 재산을 빼앗는 것과 다름없다. 따라서 이는 사기꾼이 판을 짜고 대중이 추종하는 버블 사건이 아니라 정부가 독점력과 권력으로 적나라하게 약탈한 것이다.

버블 사건으로 국민은 금융제도를 살피고 투명성에 관심을 갖게 되었다. 특히 영국은 엄격한 제제와 추궁으로 탐관오리를 처벌하고, 주주의 손실을 최대한 보상하며 제3자 심사제도의 입법화를 요구했다. 이는 버블 사건이 현대 경제제도에 기여한 바다. 만일 이런 조치가 뒤따르지 않았다면 정부의 권력은 아무런 제약을 받지 않았을 것이고, 자유시장경제도 오늘과 같은 결과를 얻지는 못했을 것이다.

역사를 돌이켜보면 우리는 정부 권력에 대한 감시와 통제에 더 집중할 필요가 있다. 3대 버블 사건의 진실을 정확히 이해하고 교훈을 얻어야 관리감독 방향을 제대로 잡을 수 있다. 버블 사건이 사기꾼이나 광분한 대중과 연계되어 있다는 속설이나 유언비어 때문에 진정한 원인제공자를 보지 못해서는 안 된다.

제12장

노예무역과 돈

노예무역은 죄악시되고 있지만,
한편으로 현대 세계 경제 구조의 기초를 다진 면도 있다.

노예무역의 역사

예로부터 인간집단의 자연적인 산물로 여겨진 노예는 오늘날까지 지구상의 많은 나라에 다양한 형태로 존재하고 있다. 고대 사회의 노예는 주로 전쟁이나 약탈로 인신의 자유를 박탈당한 사람들이었다. 그들은 주인을 위해 보수도 없이 목숨을 바쳐 일했다. 주인이라고 모두 부자거나 폭군은 아니었다. 대부분 전쟁에서 승리를 거둔 평민이었다. 그리스 사회에서 노예는 정상적인 사회계층의 하나로서 주인의 명령대로 농업이나 수공업 또는 집안일을 거들었다. 정치적 권리만 박탈당했을 뿐 사교활동에는 제약이 없었다. 노예는 시장에서 거래의 대상이었고, 노예 신분에서 벗어날 수도 있었다.

솔론[26]이 아테네에 민주제도의 기초를 수립할 때 노예제도는 매우 보편적이었다. 고대 그리스인들은 자유공민, 노예, 농노, 공민권을 박탈당한 공민, 다시 자유를 얻은 노예 등 여러 계층으로 나뉘어져 있었다. 채

26 솔론(Solon, ?기원전 640~?기원전 560년): 고대 아테네의 정치가, 입법자이자 시인. 고대 그리스 7현인 중 한 명. 기원전 594년 아테네 도시국가의 제1집정관을 역임했으며 법률을 제정하고 '솔론의 개혁'이라 불리는 개혁을 단행했다.

무를 변제할 능력이 없는 평민은 채권자의 노예가 되었다가 빚을 다 갚으면 평민신분을 되찾았다. 우리는 습관적으로 노예가 노동을 하는 사회를 통틀어 '노예사회'라 부르고 이를 인류 진화의 필연적 단계라고 규정한다. 경제학과 정치학 관점에서 보면, 이는 비판적 정서를 표현한 것에 불과하다. 복잡한 사회생태계를 인위적으로 주인과 노예간의 계급투쟁으로 단순화했기 때문이다.

노예제도는 세계 곳곳에서 찾아볼 수 있었다. 특히 농경사회와 유목민족의 발전 초기에 많이 나타났다. 상업시장이 발달하고 전쟁이나 약탈보다 교역이 사회에 더 많은 가치를 제공한다는 사실을 알게 되고, 기본적인 계약이나 법률보장체계가 생겨나면서 노예제도는 빠른 속도로 자취를 감췄다. 그러나 어떤 나라나 민족 내에서 노예제도가 나쁜 제도라고 인식되더라도 국제무역에서는 노예가 다른 나라로 이동하는 것을 막지는 못했다. 이렇게 사람을 팔아 생계를 해결하는 현상이 존재했기 때문에 노예무역은 근대까지 지속되어 왔다.

최초의 국가 간 노예거래는 중세 이전에 있었다. 아프리카 흑인이 아랍인들에게 끌려가 사하라 무역로와 나일 강, 인도양을 거쳐 남유럽, 아랍국가, 페르시아 심지어 남아시아까지 팔려갔다. 노예는 흑인만이 아니었다. 백인도 노예로 팔렸다. 초라스미아 제국[27] 시기에는 노예무역에서 백인종인 러시아인이

> 27 초라스미아 제국: 지금의 중앙아시아 서부 지역에 있던 고대국가. 아무다리야 강 하류와 아랄 해 남쪽에 위치. 지금의 우즈베키스탄과 투르크메니스탄 지역.

가장 환영받았다. 적어도 100년 전, 많은 중국인이 '화공(華工)' 또는 '막노동꾼'이라 불리며 미국에서 사금을 캐거나 도로를 건설하고 광산을 채굴했는데, 이 역시 노예무역의 일부분이다.

1492년 콜럼버스가 신대륙을 발견한 이후부터 유럽인들은 미국으로 건너와 부를 일구고 영토를 점령하고 식민지를 만들기 시작했다. 그들은 담배와 목화를 재배하고, 금은광산을 개발했다. 처음에는 백인 계약노동자들이 목화밭이나 광산에서 일했는데, 계약이 만료되면 자유인이 되었다. 유럽 식민자들은 미국 본토에서 인디언을 노예로 부리려 했으나 뜻대로 되지 않자 아프리카로 가서 흑인들을 사거나 뺏어 왔다. 주로 아프리카 서부와 중부의 흑인들이 유럽인들에게 거래나 납치를 통해 노예로 팔렸다. 15세기부터 400년 동안 노예무역이 이루어졌는데, 적어도 1,200만 명의 흑인이 강제로 미국대륙으로 끌려갔다.

18세기 말, 유럽대륙에서 일어난 계몽운동으로 민주, 자유, 인권, 평등사상이 전파되고 노예폐지운동이 시작되었다. 1772년에 영국 본토에서 노예제 폐지를 시작으로 프랑스는 1774년에 관련 정책을 시행하고, 이를 해외 식민지로 확대했다. 1838년에 이르러서는 대영 제국의 식민지가 노예제를 폐지했다. 미국은 남북전쟁 이후인 1865년에 노예를 해방했다.

한 학자는 노예무역의 과정을 다음과 같이 3단계로 분류했다.

1단계: 15세기 중반에서 17세기 중반. 이 시기 무역은 주로 포르투갈, 스페인, 네덜란드가 독점하고 있었다. 15세기 중반 포르투갈

항해사 헨리는 선원들에게 아프리카 서해안을 따라 북쪽에서 남쪽으로 항해하며 동양으로 통하는 항로를 개척해 황금과 향료의 산지를 찾자고 했다. 1441년, 포르투갈인 A. 곤살베스는 배 한 척을 이끌고 아프리카 서해안을 따라 케이프 블랑코에 도착해 흑인 10명을 태우고 유럽으로 갔다. 이때부터 포르투갈인들은 수시로 서아프리카에 와서 노예를 실어 갔다. 1482년, 그들은 가나 엘미나 성에 노예거래 거점을 최초로 건설했다. 얼마 후 상투메 프린시페 섬을 식민지로 만들어 사탕수수 농장을 건설하고 흑인 1,000명을 데리고 갔다.

콜럼버스가 신대륙을 발견한 후 16세기에 들어서 스페인은 서인도 제도와 미대륙에 대규모 식민 제국을 건설했다. 스페인이 신대륙을 정복하는 동안 많은 인디언이 목숨을 잃었다. 값싼 노동력으로 식민지를 개발하기 위해 아프리카에서는 노예수입이 공공연하게 자행되었다. 1510년, 아프리카 흑인 250명 정도가 최초로 서인도 제도의 히스파니올라 섬으로 끌려갔다. 이때부터 흑인노예를 거래하는 규모가 늘어났다. 16세기 중반에 이르러 아프리카 서해안에서는 매년 1만 명의 노예를 수출했다. 포르투갈인도 스페인사람처럼 아프리카 흑인노예를 브라질로 팔아넘겼다. 16세기에는 스페인, 포르투갈이 해상에서 호가호위하던 시절로 노예무역으로 그들은 거액의 부를 일구었다. 따라서 영국이나 네덜란드, 프랑스 등 다른 유럽국가들은 그들의 독점적 지위를 빼앗으려고 기회를 엿보고 있었다.

1588년, 스페인 '무적함대'가 영국에 패함으로써 스페인, 포르투갈의 해상패권은 실추됐고 네덜란드가 이를 대신했다. 네덜란드는 16세기부터 포르투갈과 유럽 다른 국가들 간의 중계무역을 해 왔다. 그래서 '해상의 마부'라고 불렸다. 16세기 말에 이르러 네덜란드는 포르투갈의 아프리카 무역거점과 군사요충지를 빼앗고 뒤이어 네덜란드 기니 회사, 서인도 회사, 동인도 회사를 세우고 아프리카 서해안의 무역독점권을 장악했다. 17세기 중반, 네덜란드는 해상의 노예무역을 거의 모두 독점했다.

2단계: 17세기 중반에서 18세기 후반. 대서양 노예무역이 최고조로 발달한 시기로 노예무역체계가 점차 틀을 잡아 갔다. 노예무역은 빠르게 발전해 세계에서 규모가 가장 크고 돈도 가장 많이 버는 업종이 되었다. 노예는 아프리카가 수출하는 '단일 작물'이었고, 노예무역은 아프리카와 유럽, 아메리카 간의 유일한 무역이었다. 노예 운반에 가담한 국가는 포르투갈, 스페인, 네덜란드, 영국, 프랑스, 프러시아, 덴마크, 스웨덴, 미국, 브라질 등이었다. 그들은 서아프리카 해안뿐만 아니라 아프리카 내륙과 동아프리카 해안에서도 많은 흑인노예를 잡아갔다. 1780년대 중반 아프리카에서는 매년 평균 10만 명을 수출했다.

3단계: 18세기 말에서 19세기 말. 이 시기는 대서양 노예무역이 쇠락한 시기다. 특히 1807년에 영국과 미국이 노예무역을 금지하자 노예무역은 줄어들었지만, 대신에 노예 밀무역이 생겨났다. 18세기 말부터 유럽에서는 노예폐지운동이 시작됐다. 영국에서는 1807년 노예무역금지법이 통과되었고, 다른 국가들도 연이어 금지령을 발표했다. 이러한 폭리에 광분한 노예판매상들은 암거래를 시작했다. 미국은 19세기 초부터 흑인노예를 판매하는 국가가 되었다. 아프리카 동해안과 아랍에서 경영하는 노예무역이 상당히 활발해졌다. 거래는 주로 잔지바르[28]와 펨바 섬[29] 일대에서 이루어졌고, 많은 아프리카 흑인이 홍해, 페르시아 연안 국가로 팔려나갔다. 심지어 서인도 제도와 미대륙까지 팔려 갔다. 동시에 포르투갈, 네덜란드, 프랑스, 미국 등의 노예판매상도 동해안으로 와서 아프리카 흑인노예 판매에 가담했다. 1850년대, 아프리카는 매년 5만 명 이상의 노예를 쿠바, 브라질 등지로 수출했다. 19세기 말, 노예무역은 점차 수그러들었지만 완전히 근절되지 않고 19세기 말에서 20세기 초까지 산발적으로 이루어졌다.

역사에서 노예무역의 의미

노예제도의 폐지는 분명 인류문명의 진보를 의미한다. 하지만 노예제도의 역사적 역할을 점검해 보면 새로운 관점으로 바라볼 수 있다. 초기 글로벌화에 노예무역은 적어도 다음과 같은 몇 가지 기여를 했다.

28 잔지바르: 탄자니아 공화국의 일부. 잔지바르 섬은 남북으로 85킬로미터, 동서로 40킬로미터. 면적 1658 제곱킬로미터.

29 펨바 섬: 잔지바르 북쪽 40킬로미터 지역에 위치. 면적은 984제곱킬로미터다.

첫째, 위키피디아에 보면 대서양을 가로지르는 노예무역항로는 삼각형을 띠고 있다.

노예 판매선에 총과 탄약, 값싼 소비재를 싣고 유럽항구를 출발해 서아프리카 해안까지 항해하는 것을 출정(出程)이라 불렀다. 서아프리카 해안에서 물건과 노예를 교환한 후 대서양을 가로질러 미국으로 가는 것을 중정(中程)이라 불렀다. 그리고 미국에서 노예를 다시 식민지의 원료나 금은으로 바꾸어 유럽으로 돌아오는 것을 귀정(歸程)이라 불렀다. 삼각 항로를 모두 돌아보기까지 6개월이 걸렸다. 노예거래 한 번에 다른 세 가지 무역까지 더해져 이윤도 100퍼센트에서 1,000퍼센트에 달했다. 인권을 유린하는 죄악시되는 노예무역이었지만 삼각무역으로 소비재, 해운, 보험, 군수품, 금은, 선박 등 다양한 산업체인이 여러 국가로 확대됐고, 교역도 발전했으며, 지구촌 곳곳으로 기술과 소비방식도 전파됐다.

둘째, 아프리카 대륙 전역이 노예무역으로 1800년대 아프리카 인구수와 맞먹는 1억 명 정도의 인구가 손실되었다.

노예무역으로 인구가 유입된 미주대륙은 고속성장의 기회를 맞았다. 금은광과 식물재배업이 전 세계 시장의 도움을 받으며 300여 년 동안이나 발전했고, 덕분에 견고한 부의 기반과 시장제도 기반을 마련했다. 노예무역이 폐지된 후 약 100년 동안 세계 각지의 우수한 인재들이 미국이나 북미 지역으로 이주했다.

물론 노예무역이 아프리카에는 정반대의 영향을 미쳤다. 그렇기 때문에 현재 미국대륙이 노예제도에 대해 반성을 해도 아프리카 대

류이 느끼는 분노를 잠재우지 못한다. 노예무역은 아프리카 경제의 기형적인 발전을 초래했고, 그 영향이 아직도 끝나지 않았다는 연구 결과도 있다. 초기 노예무역으로 돈을 번 추장이나 부족장, 부락의 귀족은 새로운 귀족계급을 형성했다. 이들은 더 많은 무기와 상품을 확보해 권력을 강화하고자 했다. 따라서 노예무역을 확대하고 유럽인들과의 무역거래도 강화했다. 당시 권력이 노예판매상에게 집중되어 있어 아프리카인들의 생활은 노예무역에 상당 부분 종속되어 있었고, 노예무역을 통해 마지못해 국제시장에 참여했다. 그래야만 그들이 원하는 생필품을 얻을 수 있었기 때문이다. 더욱 심각한 것은 대규모 매매가 이루어지는 지역의 사람들은 전통적인 농업이나 수공업을 포기하고 노예무역에 뛰어들었다. 따라서 아프리카 농업이나 수공업은 제대로 발전할 수가 없었다. 그 결과 직물, 편물, 보석 공예 등 많은 수공예품이 사라지거나 질이 크게 떨어졌다.

물론 노예무역을 통해 아프리카 일부 국가의 도시는 발전했고, 노예수출경제는 식민지경제로 전환되었고, 식민지경제의 기반을 다졌다. 영국 학자 피치는 노예무역이 아프리카에 안겨준 수익은 이뿐만이 아니라고 주장하며 서아프리카 부국 카노를 예로 들었다. 이 나라는 국내수익은 매년 2만 파운드에 불과한데 비해 노예수출로 해마다 1만 3,000파운드를 벌어들였다. 유럽인들은 서아프리카 상인에게 방직제품이나 무기, 화약, 총알 등을 주고 노예를 데려갔다.

둘째, 노예무역은 유럽에 막대한 부를 가져다주었고, 산업혁명의 태동과 발전을 이끌었으며, 유럽 자본주의 원시축적 과정을 가속화했다. 뿐만 아니라 미국 경제의 발전과 독립도 노예무역으로 인한 북미나 남부 식물재배를 통한 부의 축적과 밀접한 관련이 있다. 값싼 노동력은 자원개발과 산업혁명에 필요한 인력수요를 충당해 주었으며, 글로벌 경제의 가장 중요한 초기 추진력을 마련해 주었다.

한 영국 학자는 노예무역이 구미국가 산업과 식민지 산업의 기초이며, 서유럽과 식민지의 관계를 지배하고 있다고 말했다. 노예무역 덕분에 많은 노동력이 식민지에 투입되어 산업에 필요한 각종 원료를 생산했다. 마찬가지로 산업에 필요한 세계무역을 만들어 냈다. 활발한 상업활동으로 축적된 상업자본이 증대됨에 따라 산업혁명의 토양이 만들어졌다. 구미의 산업혁명과 교통, 운송이 발전할 수 있었던 것은 노예무역으로 얻은 이윤 덕분이었다. 서인도 제도는 영국 식민지의 중심이자 경제의 근원지였다. 노예무역과 세계무역이 활성화되면서 많은 도시가 발전했다. 영국의 리버풀과 런던, 프랑스 낭트 등 서유럽에서 번영하고 발전한 도시 대부분은 노예무역과 관련 있다. 노예무역으로 서유럽과 북미는 세계 경제의 중심이 되었다.

라틴아메리카에서 흑인은 광산을 개발하고, 장원경제와 농장경제를 발전시켰다. 유럽의 자본과 아프리카의 노동력, 라틴아메리카의 토지가 결합해 라틴아메리카를 발전시켰고, 이에 유럽의 해외경제 이익은 라틴아메리카로 집결했다. 마찬가지로 노예무역은 미국의 재정기반 구축에도 큰 역할을 했다. 노예제도를 이용해 남부지방을 개발하고, 상당 기간 동안 북부 지방의 발전에 촉매제 역할을 했다. 마르크스도 이렇게 말했다. "만일 흑인 노예제도가 없었다면 북미처럼 빠르게 발전하는 국가는 종법국가가 되어 무정부 상태나 현대무역과 현대문명이 매우 낙후된 모습을 보였을 것이다."

셋째, 노예무역과 관련된 자료를 보면 초기 삼각무역 시기에는 흑인노예가 폭력과 약탈을 당해 아프리카에서 미주로 이주했지만, 나중에는 자발적인 계약이나 일정한 보수를 받는 조건으로 노동 거래가 이루어졌다. 오늘날 당시의 보수가 역사적인 공헌에 비해 턱없이 적다는 견해가 있다. 예를 들면, 중국 화공은 미국 철도나 광산 개발에 크게 기여했는데, 이런 값싼 노동력 무역을 노예무역의 범주에 포함시키는 것은 적절하지 않은 듯하다. 이렇게 보면 유럽에서 일어난 인클로저 운동이나 지금도 가끔 화제가 되는 '착취형 공장' 등은 모두 같은 맥락이다. 노예무역과 노예제도의 핵심은 인간의 기본권인 자유선택권과 생존권을 박탈한 것이다.

미국 하원은 2012년 6월 18일, 130년 전에 시행했던 '배화법안'에 대한 사과를 만장일치로 통과시켰다. 이는 북미 지역을 종단하는 태평양철도 완공 후 경기침체를 이유로 도로 건설과 광산 개발을 위해 데려온 화공을 내쫓기 위한 법안이었다. 그 후 61년 동안 미국으로 이민 간 화교들은 미국 시민이 될 수 없었고, 부동산 취득이나 공직 진출도 불가능했다. 이는 미국 역사에서 유일하게 특정 민족을 겨냥한 차별법안이었다.

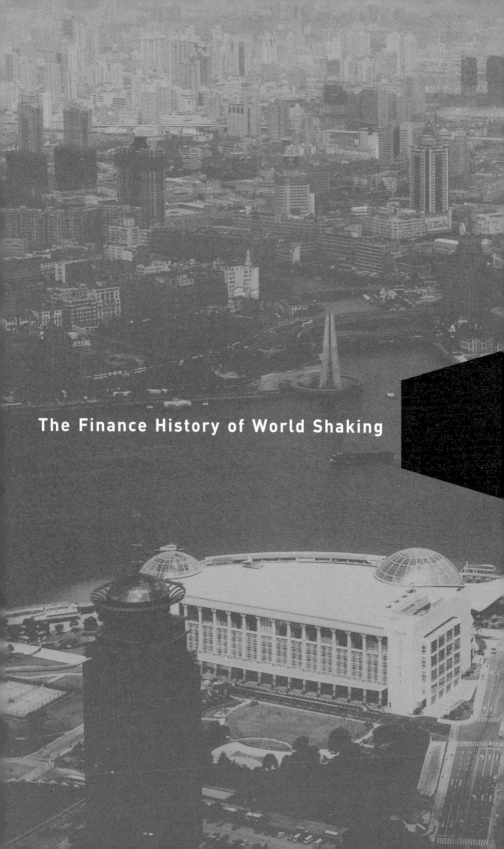

The Finance History of World Shaking

제2부

중국 금융의 역사

제13장

아편전쟁의 진정한 원인은 아편 또는 백은에서 비롯되었나?

역사를 선의와 도덕적인 잣대로만 평가할 수 있을까?
음모론 혹은 민족주의 입장으로 논의를 회피하는 것은 아닌가?

아편전쟁 이전 중국 무역의 실상

2011~2012년은 아편전쟁이 약 170주년을 맞이하는 해다. 이를 계기로 진지한 반성을 해 볼 필요가 있다. 중국 금융박물관은 중국 금융학회와 공동으로 '중영 금융사: 1841년 이후'라는 특별전을 개최했다. 톈진과 베이징에서 열린 전람회에 3만 명 정도의 관람객이 방문했다. 이 전람회를 개최하게 된 계기가 있다. 영국 블레어 전 총리가 톈진의 금융박물관을 찾았을 때 내가 아편전쟁에 대해 언급하자 그는 매우 의아해했다. 그는 영국과 청나라 정부가 무역마찰은 있었지만 전쟁이라고는 생각하지 않았다. 그래서 나는 함께 역사 전람회를 열자고 제안했다. 우리는 대영도서관과 케임브리지 대학 박물관에서 자료를 제공받았다. 아편전쟁은 근대 중국 역사에서 매우 상징적인 사건이다. 중국 국민에게는 뼈아픈 굴욕적인 외교로 민족의 원한을 심어 주었고, 심지어 애국주의와 민족주의의 시금석이 되기도 했다.

우리가 알고 있는 사실은 제국주의가 인도와 방글라데시의 아편으로 중국의 백은을 약탈하고 중국의 찻잎, 비단 등으로 발생한 막대한 무역 적자를 메웠다는 사실이다. 청나라 정부의 금연대신이었던 임칙서(林則徐)가 후먼(虎門)에서 아편을 소각한 영웅적인 행동은 제국주의 침략전쟁의 무자비함을 부각시켰다. 아편에 대한 도광제의 절절한 교지나 전후 토지 할양과 손해배상 그리고 통상치외법권 등 일련의 사회 전반에 미친 '불평등' 조약은 모든 중국인에게 각인된 가슴 아픈 역사다.

두 차례의 아편전쟁(1840~1842, 1856~1860)이 국제사회에서는 영중전쟁(Anglo-Chinese Wars)으로 더 많이 불리며 통상과 외교 전쟁으로 알려져 있다. 16세기 중반에 포르투갈인이 마카오 조계항구에 부두를 건설하고 유럽과 중동, 중국, 일본의 상품을 연계하는 해상무역을 했다. 당시 중국 정부의 오만과 편견을 생각해 보면 국제무역은 하사품이나 조공으로 간주되었고, 많은 통상활동은 정부 관할 밖에서 이루어지는 민간 밀무역이었다. 사실 수천 년 동안 중국의 상업은 거의 민간이 주도했다. 정부는 관심도 없었고 간섭하지도 않았다. 엄격한 법이나 형벌은 형식에 불과했기에 이는 지방 관리의 부패나 무역 독점을 장려하는 것에 불과했다.

우리는 줄곧 명, 청 시대의 경제가 폐쇄적이고 외부와 단절되어 있었다고 알고 있으며, 당시 대외무역과 관련된 공식 기록도 찾아보기 어렵다. 그렇다 해도 근대 유럽의 문헌을 보면 중국의 상품과 극동무역이 서양 산업문명의 태동과 발전에 지대한 공헌을 했음을 알 수 있다. 중국의 비단과 면직물이 유럽 방직산업을 발전시켰고, 마찬가지로 유럽의 상품과 과학기술이 중국 연해 지역의 산업 발달에 촉매가 되었다. 일본의 문헌을 보면 우리가 알고 있는 왜구는 대부분이 장쑤(江蘇), 저장(浙江) 연해 지역에 들어와 민간무역과 밀수에 종사했고, 간혹 일본 부랑자가 참여했다. 중국 해외무역이 발달했다는 것을 보여 주는 중요한 상징 중의 하나는 중국 백은화폐제도가 세계 백은시장의 변화에 상당히 의존적이었다는 것이다.

명나라 때 세계 백은 시대와 맞물려 중국도 백은으로 비축하고 거래하는 시대에 진입했다. 1581년, 명나라는 장거정이 주도하는 '일조편법'으로 백성은 백은으로 세금을 납부하게 되었다. 그간 민간에서 유통되던 백은이 당당히 국가화폐가 되었다. 그러나 경제 발전과 인구 증가로 인한 화폐수요를 고려해 볼 때 중국 국내의 백은 생산량과 보유량은 턱없이 부족했다. 따라서 당시 무역과 밀수 중 상당 부분이 외국에서 들어오는 백은이었다. 학자 주자밍(朱嘉明)의 분석에 따르면, 명나라 말기 중국의 백은 누계생산량은 4억 6,000만 냥인데 비해 같은 기간 3억 냥을 수입했다.

수입된 백은은 일부 상류층의 사치품으로 사용되고, 나머지는 유통화폐로 쓰였다. 당시 백은 수입 규모를 보면 중국화폐의 유통과 시장 규모를 가늠할 수 있고, 중국 민간과 해외통상의 규모도 추측할 수 있다. 백은이 계속해서 중국으로 유입되어 명, 청 시대 상업 경제 발전의 원동력이 되었고, 동남부 연해 지역의 수공업 발전을 이끌었으며, 철, 조선, 건축, 비단, 면포, 찻잎, 도자기 같은 공업이 15세기 무렵 다른 나라를 크게 앞질렀다. 인구가 급증하자 옥수수, 고구마, 땅콩, 감자, 고추 같은 서양작물을 수입해 중국 농업의 생산

구조가 대폭 개선되었다. 특히 남미 경제, 그중에서도 멕시코와 중국 경제는 관계가 밀접했다. 중국에서 수입한 비단이 멕시코 총 수입액의 60퍼센트나 되어 멕시코의 은광 개발과 방직산업은 큰 이득을 얻었다. 멕시코 은화도 오랫동안 중국에서 광범위하게 유통되었다.

그러나 세상은 돌고 돌게 마련이다. 1618년부터 유럽의 '30년 전쟁'으로 전 세계 백은 생산량이 급격히 줄고, 1639년에는 일본의 '쇄국령'으로 대중국 수출이 중단되었다. 이로 인해 중국은 화폐 유통과 정부지불체계에 심각한 타격을 입었다. 이것이 숭정(崇禎)정권의 붕괴를 몰고왔다고 말하는 학자도 있다. 이런 연유로 이후 백은 부족으로 고심하던 청나라 정부는 전전긍긍했다. 아편전쟁 이전 중국은 세계 최대 규모의 백은 수입국이었다. 1700~1840년 사이 유럽과 미국에서 중국으로 운반된 백은은 1억 7,000만 냥에 달했고, 주로 미국 식민지에서 수출했다.

아편전쟁은 중국과 영국의 문명의 충돌

다른 한편으로 유럽국가, 특히 영국은 글로벌 식민지 판도를 확장해 원료와 시장자원을 빼앗고자 했다. 중국과의 무역은 영국의 동인도 회사를 통해 이루어졌다. 청나라 정부는 20퍼센트의 수입통일관세를 적용했고 옥수수, 연초 등 일부 상품을 제외한 거의 모든 상품은 무역 적자를 만회하기 어려웠다. 하물며 금본위를 채택하고 있는 영국은 중국과 거래하기 위해 추가 비용을 들여 다른 유럽국가에서 백은을 매입해야만 했다.

글로벌 시장이 발전하고 백은의 화폐화, 제국주의의 확장, 당시 최대 시장의 쇄국정책, 군사와 통상 연맹 등 거시적 환경의 변화로 글로벌 정치, 군사, 상업 패권은 계속 요동쳤다. 이 때문에 중국의 아편전쟁, 일본의 흑선 사건, 남미의 식민지 전쟁 같은 일련의 전 지구적 정복활동이 벌어졌다. 역사의 구도를 더 확대해서 보면, 아편전쟁은 다양한 해석이 가능하다. 당시나 현재의 영국인들은 아편 무역이 해외전쟁을 야기했다는 사실을 알지 못하며, 영국이 한때 중국과 이런 전쟁을 했다는 사실조차 모르는 사람이 대부분이다.

역사를 간단히 살펴보자. 대중국 무역을 독점한 영국의 동인도 회사는 수출입 무역 수지 균형과 이윤을 목적으로 중국 밀수업자나 지방의 초급관리들과 아편을 불법으로 거래하기 시작했다. 그들은 인도와 방글라데시에서 재배한 아편을 광저우를 통해 불법으로 중국시장에 들여왔다. 엄청난 이익이 따르는 아편은 순식간에 중국 대중과 군대로 퍼져나갔고, 특히 남부의 대다수 지역에서는 당당히 아편 거래를 했다. 이후로 백은이 눈에 띄게 자취를 감췄고, 정부 재정은 악화됐다.

전쟁은 아편으로부터 시작되었지만, 청나라 정부의 도덕과 정의 인식과 맞물리고 동시에 제국주의와 아편을 하나로 묶은 혁명사고와도 부합해 서양의 이데올로기조차 '정신적 아편'이라 정의했다.

거시적 관점에서 보면, 아편과 백은은 모두 중국과 유럽이라는 전혀 다른 의식과 제도가 치열하게 대립한 표현의 도구였을 뿐이다. 바로 헌팅턴이 말한 '문명의 충돌'이었다. 오랜 기간 기물(器物)에 얽힌 기억과 발산은 제도와 관련된 원한이나 편견을 더욱 강화해 우리가 맞이하는 새로운 관념이나 제도, 문명과의 융합에는 도움이 되지 않았다.

수년 전 필자는 일본 도쿄의 에도박물관을 간 적이 있다. 마침 그날은 미국의 페리 장군이 군함 4척을 이끌고 일본 에도 만의 우라가에 입항한 지 150주년 되는 기념일이었다. 페리 장군은 1854년 군함으로 일본 문호를 열고 강압적으로 '불평등조약'을 체결한 인물이다. 박물관에는 격앙된 감정으로 페리 장군의 이력을 소개한 글이 있다. '난징조약'과 유사한 내용의 무역항 개항, 치외 법권, 관세 인하, 외교사절 파견 등의 미일조약 내용을 자세히 보니 감개가 남달랐다. 중일 양국 국민이 수동적으로 문호를 개방한 역사에 대한 기억과 회고는 이렇게도 달랐다.

주류의 관점은 아편전쟁은 중국에게 반식민지 봉건사회의 시작을 알리는 굴욕의 역사이고, 나라를 파산의 지경으로 몰고간 전쟁이다. 200년도 안 된 세월 동안 '아시아의 병자'는 글로벌 신흥 경제 대국이자 강국으로 우뚝 섰다. 이런 성공이 가능했던 이유는 무엇일까?

첫째, 아편전쟁은 단순히 제국주의가 중국에게 강제로 마약을 팔았기 때문에 일어나게 되었을까? 제국주의는 중국의 백은만 약탈해

갔는가? 당시 청나라 정부의 선택은 옳았나? 이런 '문화충돌'을 오늘날 어떻게 평가해야 하며, 이것이 중국사회에 미친 긍정적인 영향은 없었나?

둘째, 중국 명, 청 시대에 이루어진 해금정책은 정말 시행되었나? 중국 민간의 해외통상은 봉쇄되었는가? 중국 근대문명은 폐쇄적으로 발전한 문명인가? 중국의 백은화폐화와 자본화가 유럽 산업문명의 태동과 미국 경제발전에 촉매 역할을 하지는 않았나? 중국경제의 글로벌화는 어디서부터 시작되었나?

셋째, 대국의 부상에 영향을 미친 다양한 변수를 선의나 악의라는 다른 가치관을 가진 도덕적 잣대로 가늠할 수 있는가? 음모론적 사고와 민족주의적 입장으로 논의를 회피하는 것이 옳은가?

우리는 아마도 전 과정을 모두 이해할 수는 없을 것이다. 그러나 시야를 넓혀 생각에 변화를 줄 필요는 있다. 먼 것을 그리워하며 가까운 것의 가치를 모르는 것보다는 가까운 것을 신뢰하는 것이 더 나을 것이다.

제14장

중국 본토의
전장과 표호의 쇠락

중국이 현대 은행과 어깨를 스치고
지나친 이유는 무엇일까?

전장과 표호의 발전 과정

몇 년 전 산시 일승창(日升昌) 표호의 흥망성쇠를 다룬 드라마가 인기리에 방영되었다. 시청자들은 과거 중국에 현대 은행에 준하는 표호가 있었다는 사실을 알게 되었다. 게다가 한때 인기를 끌었던 장편소설 《호설암(胡雪岩)》 덕분에 전장도 주목을 받았다. '전장이나 표호는 무엇인가? 자생적으로 발전해서 당시의 은행이 되었나? 외국계 은행 때문에 도산했나?' 이런 질문들은 금융사를 연구하는 자들에게 풀리지 않는 의문이다.

전장은 매우 일찍 출현했다. 명, 청 시기에는 수십 혹은 100개 이상의 다양한 화폐가 동시에 유통되었기 때문에 여러 화폐를 감정하고 교환해 주는 업무가 생겼다. 그들은 예금과 대출업무도 했다. 중국 고대사회는 다소 분열된 사회였고, 특히 통신이 발달하지 않았던 명, 청 시기에는 정부의 명령이 지방까지 도달하기 어려워 각 성이나 지역들은 자체적인 화폐를 사용했다. 거의 모든 지방의 군벌이나 주요 사업가들이 화폐를 발행했다. 대부분 은화가 주를 이루었으며, 무게와 함량도 제각각이었다. 그래서 성끼리 태환을 할 일이 많왔고, 그럴 때마다 전장이 업무를 대행해 주었다.

전장이 고객의 예금으로 발행한 무기명 장표는 유통과 양도가 가능해 거래에서 민간화폐처럼 쓰였다. 민간경제와 시장 거래가 발달했던 장쑤와 저장 지역은 전장이 막강한 금융네트워크를 구축해 도자기, 방직품, 오색금속산업 같은 초기 산업 발전이 자본을 축적하는 데 도움을 주었다.

당시 중국에는 유명한 세 개의 상인그룹이 있었다. 십삼행(十三行)으로 대표되는 광동상방(商帮)은 연해 무역과 밀수를 담당했고, 절강상방은 전장, 비단, 수공업에 종사했으며, 수도와 가까운 산서상방은 정부와 관계가 밀접해 정부의 은 호송을 담당했다.

청나라 말기, 전장이 구축한 지역 네트워크를 이용해 산서상방이 장거리 운송과 표국(镖局: 자금 안전 호위) 및 장국(賬局: 타 지역의 거액 대출) 등 부가서비스를 제공했는데, 이 과정에서 표호가 생겨났다. 지역 간의 환업무와 예대업무 그리고 화물무역을 분리해 독립경영을 함으로써 독립된 금융기관이 탄생했고, 환어음도 특수한 유통화폐로 자리잡았다.

산시 최초의 표호는 일승창으로 그 전신은 서유성(西裕成)염료장이다. 본사는 핑야오(平遥)에 있었고, 베이징 숭먼문(崇文門) 외곽에 지사가 있었다. 상품경제가 발달하자 화폐 수요가 증가해 서유성염료장은 가장 먼저 수도(京)와 산시성(晋) 사이에서 환어음을 시도했고, 이는 큰 성공을 거두었다. 도광 연간(1821~1850)에 서유성염료장은 일승창표호로 정식 개명하고 어음 업무에 매진했다.

도광에서 동치(同治)까지 50여 년간 일승창 주인은 백은 200만 냥을 배당받았다. 일승창의 성공을 지켜본 많은 산서상방들은 직접 표호를 만들기 시작했다. 표호 업무는 전국은 물론 일본, 조선, 동남아, 러시아 등지로 전파되어 이름을 떨쳤다.

전장과 표호는 신용대출 업무는 별반 차이가 없지만 기능의 차이는 있었다. 일반적으로 전장은 주로 현지에 있는 사업가의 어음 업무나 백성의 예금이나 대출 업무를 담당했고, 표호는 다른 지역의 전장끼리 어음거래나 기관의 예대 업무를 처리했다. 바로 도매와 소매 같은 관계였다. 따라서 청나라 말기의 경제를 보면 전장은 상업과 대중의 생활을 편리하게 해 주었고, 표호는 전국 시장의 형성과 금융자본의 축적을 도왔다. 일승창을 대표로하는 산서표호와 호설암의 부강(阜康)표호를 대표로 하는 절상표호 등은 근대 중국의 금융파워를 형성하는 데 중요한 역할을 했다.

중국의 출판물이나 영상작품들은 중국 본토의 전장이나 표호를 초기 상업경제의 발전과 금융 지혜의 성과라고 높이 평가한다. 이들도 500년 전 피렌체의 근대 금융처럼 모두 사업가의 환업무와 예대 업무를 시작으로 발전했다. 그러나 중국의 전장이나 표호는 300년도 안 돼 1920년대에 붕괴되어 아쉽게도 현대금융과 어깨를 스치며 지나갔다.

아편전쟁 이후 중국은 강제로 문호를 개방하고 국제무역을 받아들였다. 개항 초기에는 주로 물물교환이 이루어졌다. 중국은 비단이나 차를 수출하고 외국의 방직품을 수입했다. 은이 결제수단이었지만, 대부분 상품으로 결제해 실제로 은화를 이용하는 경우는 많지 않았다. 주요상품 거래의 편의를 위해 수출입 무역을 담당하는 양행(洋行)은 외국계 은행을 설득해 전장에서 발행하는 증서를 받도록 했다. 동시에 외국계 은행도 장표를 근거로 중국 상인과 전장에 담보대출이나 신용대출을 제공했는데 이를 '탁표(拆票)'라 했다.

전장이 외국계 은행과의 금융거래가 주요 업무로 자리잡으면서 기존에 표호에 의지하던 업무구조에 변화가 생겼다. 당시의 반봉건 경제구도 속에서 외국계 은행, 본토의 표호와 전장은 삼각형 형태의 금융구도를 갖추었다. '외국 상점의 사무는 외국계 은행이 맡았고, 항구의 업무는 전장이 맡고, 항구끼리의 업무는 표호가 담당했다.' 이런 구도는 청나라 말기 약 50여 년 동안 지속되면서 양무운동과 동광중흥(同光中興, 동치와 광서 시기) 기간 중국 근대산업의 태동을 뒷받침했다. 그리고 태평천국의 난이 일어났을 때 차관과 청일전쟁 배상금 그리고 경자(庚子) 배상금도 담당했다.

지역끼리 거래되는 환어음과 공금을 관리하던 전장과 표호는 한때 청나라의 경제적 지주로서 사회 금융질서를 안정시켰다. 외국계 은행과 긴밀한 협력과 경쟁이 이어졌지만, 처음에는 지배적 지위를 누리며 외국계 은행이나 외국 상인과는 직접 거래하지 않았다.

청일전쟁 이후 표호는 외국자본과 경쟁하기 시작했다. 당시의 합성원(合盛元)표호는 일본의 확장을 저지하기 위해 동북 지역의 분점을 3배나 늘리고 조선의 신의주, 인천, 일본의 시모노세키, 고베, 도쿄, 오사카, 요코하마에 표호를 설립했다. 1901년에 세운 영태유(永

泰裕)표호는 인도의 콜카타에, 1906년에 설립된 평요보풍융(平遙寶豊隆)표호는 라싸와 콜카타 등지에 표호를 설립했다.

전장과 표호의 쇠락 원인

　　전장과 표호 같은 초기의 환업무가 생존할 수 있었던 것은 전통의 운영 방식 덕분이었다. 당시 철장(鐵匠)의 학기는 보통 3년이었지만, 전장의 학기는 7년이었다. 지역마다 은량의 함량과 무게가 달라 손님들은 점원이 반드시 손대중으로 가늠해 비율을 계산하길 원했다.

　　근대 유통화폐가 빠르게 표준화되면서 스페인 은화, 멕시코 은화 그리고 '원대두(袁大斗: 위안스카이의 두상이 새겨진 은화)' 은화, 장표, 은행에서 발행한 지폐 등이 널리 유통되자 '저울'이 '손대중'을 대신했다. 전통적인 방식은 생명력을 잃기 마련이다. 신용대출을 주로 제공하던 전장은 20세기 초 우후죽순처럼 생겨난 외국계 은행과 본토 은행 사이에서 살아남기 어려웠다. 일부 전장이 민간은행으로 변신하기는 했지만, 명맥을 유지하던 대부분의 전장들은 몇 번의 금융위기를 겪으며 완전히 사라졌다.

　　산서표호는 더 막강한 경쟁상대를 만났다. 첫째, 관상(官商)이 호부(戶部)은행 같은 독점적인 상업은행을 설립했다. 청나라 말기 중국통상은행, 절강흥업은행, 사명(四明) 등 십여 개 상업은행이 연이어 탄생했고, 관상 합작의 호부은행, 교통(交通)은행과 일부 성에서 설립한 은전행호(銀錢行號)는 국고 업무 대행과 공금 관리라는 행정업무와 막강한 자본력을 이용해 과거 표호가 담당하던 지역간 환업무와 공금 예금 업무를 모두 가져갔다. 시장 경쟁에서 호부은행은 민간 전장과 표호에 예금 금리를 올리고 대출 금리를 낮출 것을 요구했다. 동치 연간 이후 봉건 관료와 관계가 밀접한 장쑤, 저장 상인들은 남방표호를 만들었다. 그중 엄신후(嚴信厚)가 창립한 원풍윤(源豊潤)표호점과 이홍장(李鴻章) 가문이 경영하던 의선원(義善源)표호점은 규모가 매우 커서 표호의 생존을 바로 위협했다.

둘째, 산서표호는 한때 전성기를 누렸지만 현대 주식제 은행제도로의 변신에는 실패했다. 일승창 사장 뇌이태(雷履泰)는 경영권 문제로 기업주와 심한 마찰이 생겨 따로 표호를 차렸다. 이는 훗날 중국에 통상은행, 절강흥업은행 등 일련의 신흥 본토은행이 출현하게 된 계기가 되었다.

셋째, 산서표호는 각 지역 정부와 군에 신용대출을 제공했는데, 후에 전란 특히 신해혁명 때 큰 손해를 봤다. 전쟁과 혁명으로 정치·경제의 상황이 악화되며 많은 표호가 문을 닫았다. 산시에 있던 22개 표호 중 대덕통(大德通), 대덕항(大德恒), 삼진원(三晋源), 대성천(大盛川) 등 4개 표호는 자금력이 풍부해 현금으로 대량인출 사태를 막을 수 있었지만, 일승창 등 10여 개 표호는 대량인출 사태를 감당하지 못해 모두 도산했다.

사실 경자국변(庚子國變) 무렵 최고 전성기를 누리던 중국 표호의 총 자금력을 자본, 예금, 소액권 발행 등에 근거해 추산해 보면 약 2억에 달했다. 광서 말년, 각 성이 직접 관은전호(官銀錢號)를 설립하거나 중국 자체 은행을 설립하면서 표호의 공금관리 업무는 점차 사라졌다. 신해혁명 이후 정부의 자금관리 업무가 사라진 표호는 예금은 인출되고 대출은 회수되지 않아 자금난에 시달렸다. 1914년, 90여 년의 역사를 지닌 일승창표호는 문을 닫았다. 〈대공보(大公報)〉는 파산의 원인을 다음과 같이 분석했다. 일승창의 영업이 북쪽보다는 남쪽에 주로 집중되어 있었고, 두 차례의 혁명으로 타격을 입었다. 혁명 후 각 성에서 지폐를 발행했고, 일승창은 현금 부족과 백은 운영에 대규모 적자가 발생했다. 이 밖에도 외국계 은행에 진 빚도 놀라웠다.

물론 대표적인 교재나 영화에서 다루는 것처럼 전장이나 표호의 쇠락 원인을 단순히 외국계 은행의 압박과 본토의 부패 및 독점적 금융제도로 치부해 버릴 수도 있다. 그래서 민족주의에서 비롯된 분노나 울분이 치밀 수도 있다. 필자는 중국의 전장이나 표호가 조상이 물려준 훌륭한 자산으로서 그 기능은 심지어 월가보다 뛰어났다는 글을 여러 번 읽었다. 무릇 상상이란 사실을 기반으로 한 것이 아니기 때문에 이런 울분은 역사를 객관적으로 인식하는 데 도움이 되지 않는다.

이탈리아의 피렌체는 근대 은행의 발원지다. 은행이라는 단어는 태환 업무를 하는 카운터가 있는 전문기관에서 유래되었다. 그리고 당시에는 분업이 이루어진 두 종류의 은행이 있었는데 하나는 현지

화폐 태환과 귀금속 담보 대출을 해 주는 전장과도 같은 소액은행 (minuto bank)이었고, 다른 하나는 국제무역 태환과 환업무와 취결 그리고 정부나 교회 같은 공공기관과 상점에 장기 융자를 해 주는 표호와도 같은 거액은행(grossir bank)이었다. 그러나 200여 년 동안 운영되던 두 금융기관은 18세기에 이르러 현대 상업은행으로 융합 발전했다. 후자는 장기자본 조달 업무에 집중해 상인은행(투자은행) 이 되었다.

1580년, 이탈리아는 근대 최초로 베니스은행을 설립했다. 그 후 1593년에는 밀라노, 1609년에는 암스테르담, 1621년과 1692년에 는 각각 뉘른베르크와 함부르크에 은행을 설립했다. 자본주의 원칙 에 따라 설립된 최초의 주식제 은행은 1694년 설립된 잉글랜드 은 행이다. 18세기 말에서 19세기 초까지 자본주의 은행은 거대한 규 모를 자랑하는 주식제 은행 방식을 주로 택했다. 상품경제가 발전하 고 국가 제도가 안정되자 1844년 잉글랜드 은행은 구조조정을 통 해 국가 중앙은행의 시조가 되었다.

서양은 정치와 종교전쟁 그리고 제후들의 할거로 계약관계가 안 정되어 상업기관과 금융산업이 자체의 조직을 성장시킬 수 있는 환 경을 마련해 주었다. 이를테면 무역, 기술, 산업혁명의 시작으로 대 량의 장기자본을 조달할 수 있는 상업은행의 기능이 한층 강화되었 고, 주식회사의 탄생으로 고객에게 금융자본의 유동성과 안전투자 의 마지노선이 보장되었다. 그리고 최종적으로는 은행에 주식제도 를 도입함으로써 현대 금융제도의 기초를 다졌다. 즉, 주주와 경영진의 회사경영 규칙, 재무 투명성, 안전경영에 관한 약속 등이었다. 덕분에 안정적인 금융 시스템이 유지될 수 있었고, 상업 사이클이나 금융시장의 충격을 견딜 수 있게 했다.

중국의 전장과 표호를 살펴보면, 300년 전 중국 상업경제와 시장 경제가 유럽에 뒤지지 않았고 또 금융기술과 도구가 어쩌면 이탈리아보다 더 복잡하고 선진적이었음에도 통일된 정치제도하에서 독립적이고 자발적인 성장공간은 없었던 것이다. 사실 산서표호는 매우 엄격한 관리방식을 취했었다. 전신확인부호제도, 본점지점 보고제도 및 본점 단독 어음발행제도 등은 모두 현대 은행의 초기 모습에서 볼 수 있는 것들이다.

그러나 이것만으로는 시대를 따라가기 어려웠다. 중국의 산업혁명은 아직 시작되지 않았고, 큰 자본 축적을 필요로 하는 시장이 없었다. 융자는 단지 정부를 상대로 비상업적인 분야에서 이루어졌다. 주식제도나 유한책임이라는 혁명도 없었고, 전장과 표호는 시장 변화와 정치 혼란을 감당하지 못했다. 내부 투쟁과 규칙 전복도 조직의 구조를 위한 안정적인 성장을 이끌어 내지 못했다.

필자가 중국의 외국계 은행 관련 역사 자료를 보면서 특별히 주목했던 사실은 그들은 본토 은행과 비교해 의식의 차이나 기술적 상이함 외에 정치적으로 특별우대 혹은 차별이 없었다. 사실 최초에 중국에 들어온 많은 외국계 은행은 다양한 금융위기를 겪으며 도산하거나 파산했다. 예를 들면 1850~1860년 처음 중국에 들어온 영국의 여여(麗如)은행, 회융(匯隆)은행, 아그라은행, 회천(匯川)은행, 이화(利華)은행, 이생(利生)은행, 이승(利升)은행 등과 독일의 덕화(德華)은행, 일본, 러시아의 일부 은행들이다. 표상(票商)들은 정부가 설립한 은행과의 협력에 그리 적극적이지 않았다. 광서 연간에 북양대신을 맡았던 위안스카이는 산시 표상을 톈진의 정부은행에 초빙했다 표주들에게 거절당했다. 호부상서 녹종림(鹿鐘霖)이 호부은행을 설립할 때 베이징의 표호들을 불러 투자를 유도했지만, 산시 표상들이 갖가지 이유를 들어 표호든 개인이든 모두 출자 못하도록 결정했다.

주목할 만한 점은 외국계 은행이 중국에서 100년 동안 경영하면서 전장이나 표호와 협력해 서로 대출도 해 주고 함께 고객들에게 서비스도 제공해 주었다. 또한 중국 본토 은행에 금융기술과 경영방식을 전수해 주었다. 중국의 정부나 민간 은행의 책임자는 대부분 외국계 은행에서 발굴했고, 일부는 심지어 서양인이다. 그들은 서로 도움을 주며 금융위기를 넘겼다.

예를 들면, 1916년 북양 정부의 지폐 과다 발행으로 지폐의 평가절상이 초래되자 전국적으로 대량인출 사태가 벌어졌다. 이에 돤치루이(段祺瑞) 정부는 태환정지 명령을 내려 전국 은행이 위기를 맞았다. 중국은행은 스스로를 보호하기 위해 명령을 거부하고 영국, 일본, 독일, 미국 등 10여 개 은행에서 거액을 빌려 위기를 넘겼다. 마찬가지로 1925년 '오주참안(五州慘案)'이 발생했을 때 영국과 일본계 은행이 즉각 대량인출 사건에 직면했다. HSBC와 요코하마정금(橫濱正金) 같은 은행들이 중국은행과 전장, 표호에 구원을 요청했고, 당시 중국의 민간 은행인 '북사행(北四行)'과 많은 중소 전장으로부터 돈을 빌릴 수 있었다. 금융업은 서로 연관되어 있어 은행의 파산이나 도산은 연쇄반응을 일으키게 된다. 중국의 금융업은 중화민국 시기 국제화 수준이 상당했다. 그러나 전장과 표호를 보면 선천적인 성장과 후천적인 발육에 있어 모두 역사의 설명으로만 남을 운명이었다.

제15장

근대 중국 금융 분야에서
외국계 은행의 공과 실

중국은 과거 끔찍한 약탈과 억압을 경험했다.
그러나 중국 근대문명의 여러 요소의 형성과 전개 과정을 보면
중국에 진출한 수천 개의 외자 양행이나
수백 개의 외국계 은행과 밀접한 관계가 있다.

중국 역사에서 외국계 은행의 등장

1757년, 청 정부는 다시 쇄국령을 발표해 중국은 광저우 일대에서만 외국 상인과의 무역이 가능했다. 1782년 미국 상선의 직원이 광저우에 최초의 양행인 Cox&Reid를 설립했는데, 주로 매매대행 업무를 하는 회사였다. 그 후 각국의 양행이 광저우에 진출해 백은, 찻잎, 비단, 도자기, 공예품, 농산물을 주로 거래했다. 물론 아편 무역도 빼놓을 수 없었다.

양행은 처음에는 광저우의 '십삼행'을 상대로 거래 업무를 시작했다. 이는 정부로부터 대외무역 허가를 받은 중국 상사였다. 비록 중국은 외부와 오랜 기간 단절되었지만 십삼행으로 대표되는, 정부가 설립하고 민간이 운영하는 무역독점집단은 국제무역을 통해 상당한 부를 축적했고, 청조 가장 세력이 컸던 산서진상(山西晉商), 양준염상(兩淮鹽商)과 함께 민간 상인의 삼대 축을 이루었다. 그중 오병감(伍秉鑒)의 이화행(怡和行) 자산은 국부를 능가할 정도로 많았는데, 2,600만 은화를 보유해 당시 세계 10대 부호 중의 하나였다.

청나라 정부에서 설립한 대외무역 특허상인 십삼행은 세관의 수출입 선박에 대한 세금 징수 대행, 정부의 외국 상인 관리 및 대외 업무를 맡아 했다. 양행제도를 정비하기 위해 외국 상인에 대한 직접관리를 강화했다. 청나라 정부는 건륭 10년(1745), 광저우의 20여 개 행상 중 탄탄한 행상 5개를 선발해 보상제(保商制)를 만들었다. 보상은 광저우에 온 외국상선의 무역과 세금 업무를 처리하고 수입품 판매, 명주실, 차의 수출 업무를 담당했다. 또 외국 상인들에게 창고와 주택을 제공하고, 직원 고용 대행 등의 업무도 했다. 또한 보상은 외국상선의 화물을 위탁 처리할 때 우선권을 부여받아 물건을 받아 파는 행상이 수입물품의 대금을 못 낼 경우 먼저 대납해야 했다. 외국 상인이 정부에 전달할 내용이 있을 경우 보상 통역관이 대신 전달하도록 책임을 맡기고, 외국상인의 불법행위도 단속했다. 외국 상인들이 보상제도에 대한 불만을 표시했지만, 청 정부는 계속해서 이를 유지하고 보호했다. 행상과 외국상인은 이익이 일치하면 서로 결탁하고, 이익이 상충되면 공갈이나 사기를 쳐서 분쟁이 일어나기도 했다.

1840년 아편전쟁 이후 청 정부는 강압에 의해 광저우, 샤먼, 푸저우, 닝보, 상하이 등 다섯 개 지역의 통상을 개방해야 했고, 십삼행의 독점경영권은 폐지되었으며, 양행들이 중국으로 속속 들어왔다. 1850년에는 영국 선박회사가 홍콩, 화기(華記) 등 대형 양행을 설립해 화물운송과 은행, 보험 업무를 처리했다. 1860년에 이르자 양행은 200개에 달했고, 국제시장에서 대중무역을 장악했다. 1858년 광저우에 지역전문 해운사인 조성항(粵省港) 해운사가 설립되었다.

제2차 아편전쟁이 발발하기 이전에는 일부 영역에서 독점적 지위를 누리는 양행이 있었지만, 투자가 무역과 해운 등 유통영역으로 한정되어 생산영역에서는 별 진전이 없었다. 제2차 아편전쟁이 발발한 후 기존에 개방했던 항구든 새로 개방한 항구든 상점을 설립하는 것이 유행이 되었다. 양행 중에는 영국 양행이 가장 많았고, 일부 양행들은 상품무역에서 선박 운영, 선박 수리, 부두창고, 보험, 은행 및 무역서비스 가공제조 등의 여러 업종으로 전환하기 시작했다.

각 기업의 상점은 독자적으로 설립하기보다는 대부분 여러 양행이 공동으로 출자해 설립했다. 경쟁은 협력을 초래하고, 크로스 투자는 독점을 야기하며, 독점은 더 치열한 경쟁을 의미한다. 대규모 양행의 자금 지원을 받아 일부 기업은 시작부터 다른 기업을 합병해 회사를 키웠다. 또 일부는 창립 후 합병을 통해 자본그룹을 형성하기도 했다. 동시에 결제와 환업무를 하는 외국계 은행도 속속 중국으로 들어와 경영을 시작했다. 이렇게 표호나 전장과는 완전히 다른 현대융자 업무의 진출은 중국 정부와 민간이 금융업을 이해하는 계기가 되었다.

처음 중국에 진출한 은행은 영국의 여여은행이다. 1845년 홍콩과 광저우를 시작으로 1847년에는 상하이에서 영업을 시작했다. 그 후 영국계 은행을 주축으로 제1차 은행 설립붐이 일었다. 1860년대에 11개 은행이 상하이에 진출했는데, 그중 10개가 영국계였다. 이는 당시 전 세계에서 영국의 경제와 산업, 무역에서의 위상을 보여 주는 것이다. 그러나 1865년 미국 남북전쟁이 끝나고 영국의 방직산업이 생산과잉으로 글로벌 경제위기가 초래되자 금융 투기에 가담했던 은행들이 도산하기 시작했다. 결국 회융, 아그라, 이화, 회천, 이생은행은 도산하고 여여은행, 유리(有利), 스탠더드 차터드은행, 프랑스은행, HSBC만이 살아남았다.

1870년대 초부터 중서 교통과 무역 방식에 변화가 생기고, 대중 무역의 성장폭이 주춤하기 시작했다. 이런 현실에 적응하기 위해 중국의 양행 특히 자금력이 있는 양행들은 기존의 경영방식에서 탈피해 중국 상인을 위한 대리경영제도를 시작했다. 1870년대 후반부터 규모가 큰 일부 양행들은 기존의 상품무역 투자나 수수료를 받는 대행 업무에서 벗어나 가공제조, 해운, 보험, 금융 등 무역보조 업무로 역량을 집중하기 시작했다. 이른바 대리경영이란 경영은 하되 리스크는 책임지지 않아도 되는 경영방식으로, 주로 중국 상인의 경영을 대행해 주었다. 중국 상인들은 선박 구매나 물건 주문 및 운송 판매를 위탁했다. 이 시기 선박운수업은 양행이 세력을 확장하는 주된 영역이었다. 동시에 양행상인들은 생산 영역으로 투자를 늘렸다. 아편전쟁부터 청일전쟁까지 55년 동안 양행상인이 투자 설립한 공장이나 기업은 총 191개였고, 그중 1870년 이후에 설립된 것이 116개였다.

청나라 조정이 양무운동을 시작한 후 30년 동안 양행상인은 톈진을 발판으로 베이징의 정부와 거래를 해 정부차관을 이용한 철도, 우정, 수리전력, 해안 방비, 시정 등 인프라 건설의 투자자격을 획득했다.

신해혁명 이전 중국에 들어온 외국 양행은 약 3,000개에 달했고, 그중 영국과 일본 양행이 압도적으로 많았다. 그들은 주로 면방직, 채굴, 제련, 식품, 조선 등에 투자했고, 자본금 10만 위안 이상인 외자기업이 총 120개로 총자산액은 1억 위안에 달했다. 자본금이 100만 위안 이상인 기업도 있었고, 1,000만 위안이 넘는 기업도 있었다. 이들은 일부 지역이나 업종에서 독점적 지위를 누렸다. 동시에 중국철도사업권을 얻기 위해 일부 양행은 해외에서 중국 철도사업 투자에 참여해 청일전쟁에서 신해혁명에 이르는 십수 년 동안 양행의 세력 확장은 절정에 달했다. 게다가 투자를 기존의 무역서비스에서 건설 분야로 전환해 청 정부와 합자기업을 설립해 장기 경영에 참여하는 새로운 단계로 진입했다.

외국계 은행도 중국으로 진출하기 시작했다. 초기 개방 지역인 점과 장쑤, 저장의 민간자본의 활약 등의 이유로 외국계 은행은 상하이를 가장 먼저 선택했다. 1911년 신해혁명 당시 상하이에는 총 27개 외국계 은행이 있었고, 같은 기간 우한에는 19개, 톈진에는 8개, 광저우에는 7개가 있었다. 그러나 1936년에 이르러 외국계 은행의 중심에 변화가 생겼다. 상하이에 진출한 외국계 은행 수는 바뀌지 않았지만 톈진은 본점, 지점을 합해 21개로 늘었다. 외국계 은행이 톈진을 선택한 가장 큰 이유는 정부 융자와 신디게이트론에 참여하기 위함이었다. 위안스카이와 역대 북양군 정부도 외국계 은행의 융자로 재정을 운영하고 군사작전계획을 세웠다. 동시에 현대산업에 투자하는 신디게이트론도 대부분 정부부처와 왕래가 편한 톈진에서 이루어졌다.

초기 외국계 은행은 환업무, 자금 융통, 상점 담보, 물품 담보 등 무역대출 업무가 주를 이루었는데, 이는 외국 상사에게 중국 양행과의 무역을 위한 금융서비스를 제공하는 것이었다. 외국계 은행이 늘어나자 중국 전통금융업은 타격을 입었고, 청 정부와 북양군 정부는 적극적으로 대응책을 마련했다. 오랜 기간 중국 세관을 관리하던 영국인 하트는 세관무역융자를 받아 세관은행을 만들자고 건의했다가 정부와 민간의 거센 반발을 불러일으켰고, 이는 철도총공사 사무대신(事務大臣), 태상사소경(太常寺少卿)을 맡고 있던 성선회(盛宣懷)가 상하이에 중국통상은행을 설립하는 직접적인 원인을 제공했다(1897).

청나라 정부는 재정을 통제하고 중국 금융구도를 주도할 목적으로 베이징에 호부은행(1905년 설립, 후에 대청(大淸)은행으로 개명)과 교통은행(1908)을 세우고 전국 행정관할 지역에 지사를 설립해 공금예금, 환전 등의 금융 업무 외에도 화폐 발행, 해외채권 발행, 국내공채와 장기 산업프로젝트 융자 등의 금융 업무를 담당했다. 역사의 변천 과정을 보면 근대 중국의 은행시스템은 양행과 외국계 은행의 기세등등함 속에서 탄생했다. 그리고 초기 중국의 은행은 거의 모든 업무가 외국계 은행과 연계되어 양자는 상당 기간 경쟁보다는 협력 관계를 유지했다.

중국 근대사에서 외국계 은행의 공과 실

또 다른 사례를 보자. 영국계 은행인 HSBC는 1864년 영국에서 시작해 1865년 홍콩, 상하이, 광저우, 런던에서 동시에 영업을 시작했다. 2010년 총자산 규모가 5조 홍콩달러가 넘어 500대 금융글로벌 기업 중 1위를 차지했다. HSBC은행의 창립자 토마스 서덜랜드는 오랫동안 중외무역에서 활약한 양행의 상인이다. 아편전쟁이후 중국 양무파의 개혁과 개방 흐름을 예리하게 파악하고, 특히효율 향상과 수요 파악 등 금융 현지화 서비스의 우위를 경험한 그는 중국에 환업무 결제와 무역융자 전문은행을 세워야 한다고 생각했다. 처음에는 중국과 거래를 하는 외국상인들에게 서비스를 제공했으나 나중에는 중국 상인과 정부에 서비스를 제공했다.

HSBC의 이사회 중 발기인 14명은 모두 당시 홍콩 주요 양행의주인으로 대중무역의 선두주자였다. 덕분에 HSBC는 홍콩 지역 정부거래 계좌의 정부대행은행이 되는 동시에 홍콩에서 지폐발행권을 획득했으며, 청 정부에 직접 대출을 제공하는 최초의 국제은행이 되었다. 청나라 말기 송호(淞沪)철도, 개평(開平)석탄광산 사업은모두 HSBC에서 차관을 빌려 진행되었다. HSBC는 한때 중국 관세, 염세의 징수권을 획득하기도 했다. 청일전쟁 배상금과 청나라 정부의 서역 정벌, 위안스카이 정부와 북양 정부의 각종 주요 사업에도HSBC의 영향력이 적지 않게 미쳤다. 20세기 초 HSBC는 극동 지역 제1의 은행으로 성장했다.

특히 신중국 성립 이후 HSBC는 중국과 전 세계를 연계하는 몇 안 되는 국제은행 중 하나였다. 홍콩은 1960년대와 1990년대 두 차례 금융위기를 겪을 때 HSBC의 도움으로 상황이 안정되어 역대 정부에게서 높은 평가를 받았다.

또 양행은 중국 전통경제에 개입해 특수한 계층인 매판(買辦)을 탄생하게 했다. 매판의 의미는 다양하다. 아편전쟁 이후 양행이 있던 시기의 매판은 중국과 양자무역을 하는 구미국가를 도와주는 중국 상인을 말한다. 외국 상인에게 고용된 이들은 외국어에 능통해 구미상인과 중국상인을 위해 통역서비스도 제공하고, 구미국가의 경제계와 중국 정부 사이에서 소통자 역할도 했다. 또한 이들은 자기 가게도 운영했다. 매판계층은 중국 전통사회가 현대사회로 발전하며 생긴 산물이다. 매판이 처음 생겨났을 때에는 사회적 지위가 낮았지만, 외국자본이 계속 유입되고 경제의 중요성이 점점 커지자 그들의 지위도 빠르게 향상되었다. 그들은 중국 본토상인들을 착취하고 외국상인들에게서 이익을 얻었다. 매판은 중국에서 가장 먼저 서방 자본시장과 상품무역을 접한 사람들로 훗날 양무운동과 민족 자산계급의 탄생에 토양을 제공했다고도 할 수 있다.

과거 100년 동안 중국 주류 이데올로기와 민중은 양행과 외국계 은행을 좋게 보지 않았다. 가격 착취와 시장에 대한 억압은 말할 것도 없고, 서로 짜고 중국 핵심산업의 이익을 약탈했으며, 오랫동안 민족산업 발전을 말살하고 제압한 사실은 지금까지도 사라지지 않는 그들의 죄목이다. 특히 아편전쟁에 가담했던 역사는 음모론과 포

풀리즘에 빠진 인사들이 국제 세력의 극악무도함을 소리 높여 성토하게 하는 빌미를 제공했다. 최근 30년 동안 양행과 외국계 은행은 중국의 부와 경제 성장을 일구어 낸 토양이 되었지만, 역사의 객관적 평가는 여전히 부정적이다.

양행과 외국계 은행은 중국에 들어온 최초의 현대기업으로서 군사패권과 산업기술 우위를 이용해 청 정부의 폐쇄정책과 자연경제의 모든 장벽을 허물고, 서양 식민패권과 시장경제 룰로 나약한 경제체와 민생을 재조정하는 역할을 했다.

중국은 불과 피로 얼룩진 약탈과 억압의 경험이 있다. 그러나 부정할 수 없는 사실은 근대의 철도, 교량, 도로, 전기, 방직, 시멘트, 광산, 철강, 제조, 도시 건설 등 하드웨어와 우정, 교육, 법률, 재무 등 소프트웨어 심지어 과학, 민주, 자유, 혁명, 공산주의 등의 이데올로기 같은 근대문명의 각종 요소들의 형성과 전개는 모두 초기 중국에 진출한 수천 개의 양행과 수백 개의 외국계 은행과 밀접한 관련이 있다는 것이다. 따라서 양행과 외국계 은행이 과거에 행했던 약탈과 착취 때문에 중국 현대화의 계몽과 발전에 미친 영향을 계속 부정해서는 안 된다.

특히 HSBC가 양행에서 외국계 은행으로, 그리고 다시 지금의 글로벌 금융그룹으로 성장한 역사적 배경은 언급할 가치가 있다. 상품무역과 사상의 교류는 인류문명 진보의 기본 원동력이자 문화 전파의 기제다. 문명의 진보에는 대가가 따르고, 사회구조의 진화도 비용이 따른다. 상업과 금융은 진보의 지렛대로서 무력이나 독점보다 더 효과가 있고 유익하다. 걸핏하면 수백 년 역사를 들먹이는 글로벌 금융그룹과 비교해 HSBC는 작은 양행으로 시작해 세계 최고의 금융악어로 빠르게 성장했다. 이는 역사적으로 중국 경제가 부상한 중요한 상징일 뿐만 아니라 국제 비즈니스와 금융 파워가 국가를 변화시킨 무시할 수 없는 역량임을 의미한다.

제16장

멕시코 은화와
화폐의 글로벌화

멕시코 은화가 대량으로 유통되면서
중국 금융업의 전장과 표호 구도가 붕괴되었고,
중국 정부는 결국 통일화폐를 채택하게 되었다.
이때부터 '은량'의 시대가 가고 '위안'의 시대가 도래했다.
즉, '은량'은 역사의 뒤안길로 사라지고 '위안(圓)'의 시대가 온 것이다.

멕시코 은화와 중국의 화폐 역사

　　30여 년 전 책을 보다가 멕시코 은화가 과거 중국 시장에서 널리 유통되었다는 사실과 중국 반식민 사회와 힘없는 국가의 슬프고도 치욕적인 단면을 접하게 되었다. 몇 년 전 일본의 화폐박물관을 관람하던 중 중국 명나라 때의 동전이 일본이 유일하게 채택했던 정부화폐라는 것을 보고는 알 수 없는 희열을 느꼈다. 그 후에 영국박물관이 선정한 세계역사유물 100선에 스페인 은화의 전신인 멕시코 은화가 포함되어 있는 것을 알게 되었다.

　　털가죽, 조개껍데기, 소금 덩어리 같은 물건이 교환의 매개체로 사용되다가 고대 로마 제국부터 금화를 태환과 거래, 비축의 주요 도구로 사용하기 시작해 지금까지 이어져 오고 있다. 중국이 1000년 전 송나라 때 교자 같은 지폐를 사용한 적은 있지만, 그래도 화폐의 주체는 언제나 동전이나 은량이었다. 1840년, 아편전쟁이 끝나고 중국이 국제사회에 발을 들여놓으면서 서양의 화폐가 중국으로 유입되어 한때 시장을 주도했다.

　　신대륙 발견 이후 황금을 찾아 나선 스페인 식민주의자들은 잉카 제국에서 거대한 은광을 발견했다. 특히 볼리비아 포토시(Potosi)의 풍부한 매장량은 식민주의자들에게 막대한 부를 안겨 주었다. 스페인 사람들은 광산을 개발하고 호박금을 제련해 유럽과 여러 국가로 수출했다. 1520년 처음 유럽으로 수출한 양은 148킬로그램이었는데, 1590년부터는 연간 300만 킬로그램까지 늘어났다.

스페인 은화(Pieces of eight, 한 개의 은화는 여덟 릴의 가치라는 뜻)는 1573년에 처음 주조되었다. 이것은 16세기 후반 25년 동안 아시아, 유럽, 아프리카, 미국 대륙까지 휩쓸면서 세계 최초의 유통은화가 되었고, 그 지위는 19세기까지 지속되었다. 인류역사상 처음으로 부가 대이동을 한 사례다. 이러한 재력에 힘입어 스페인은 한때 패권을 쥐고 강력한 군대를 만들어 네덜란드, 영국, 프랑스를 물리쳤다.

스페인 은화는 스페인 식민지인 필리핀을 통해 중국으로 유입되었다. 처음에는 성분도 좋고 함량도 높아 중국인들에게 환영을 받았다. 상인들은 수입된 은화를 녹여 순도가 낮은 은량이나 다른 은제품을 만들었다. 이것 역시 악화가 양화를 구축하는 현상이다. 당시 명나라는 스페인 은화로 인해 은본위제도를 관리하는 데 많은 어려움을 겪었다.

백은 수입이 늘어나자 스페인 경제에 적신호가 켜졌다. 화폐 공급이 늘어 인플레이션이 나타나고 정부는 돈을 물 쓰듯 했고, 국민은 사치와 낭비에 빠졌다. 게다가 수입된 백은이 국내 농업이나 상업, 공업에 투자될 겨를도 없이 해외로 빠져나가 스페인은 기술 발전과 산업혁명의 기회를 놓쳤다.

1821년에 독립한 멕시코는 스페인 은화가치에 상당하는 멕시코 은화를 계속 주조했다. 1823년부터 은화에 멕시코 국가문양인 수매를 새기고, 이름을 페소로 개명했다. 성분이 안정적이고 외관도 훌륭한 멕시코 은화는 30년 전쟁으로 기운이 쇠락한 스페인의 은화를 빠르게 대신했다. 멕시코 은화는 순식간에 세계 각지로 유통되었고, 16~19세기 사이 멕시코는 약 30만 개의 은화를 만들었다.

중국에서 나타난 멕시코 은화 쇠락의 역사는 다른 한편으로는 중국 자체화폐의 성장의 역사이기도 하다.

1854년 광저우에 들어와 유통되기 시작한 멕시코 은화는 1880~1890년대 중국에서 최고조로 유행했다. 당시 자료를 인용해 보면 다음과 같다. '연강, 연해 지역의 성들은 대부분 서양 은화를 사용했고 시간이 흐르면서 관리나 상인이나 모두 편리하게 사용했다.' 그러나 '통용되는 서양 화폐는 대부분 멕시코가 만든 것이었다.' '멕시코라는 작은 나라의 은화가 중국을 누비며 처음에는 연해 지역에서 유통되다 지금은 내륙에서도 쓰인다.' 멕시코 은화는 주로 상하이에서 본통화처럼 유통되었다. 쑤난, 저장, 안후이, 장시, 광둥, 광시, 타이완 등지에서도 은량보다 더 널리 쓰였다. 중국의 대외무역 항구가 늘어나면서 창장 중상류의 한커우, 이창, 사스, 충칭, 창사 등지와 북쪽의 톈진, 뉴촹, 잉커우, 다롄 심지어 헤이허에 있는 상업부두에서도 멕시코 은화가 유통되었다. 화둥, 화난의 대부분 도시에서도 멕시코 은화가 표준통화로 쓰였고, 초기 태환권은 대부분 멕시코 은화를 기준으로 이루어졌다. 특히 상하이 일대에서는 은원권이 멕시코 은화로 태환되었다.

1910년 통계를 보면, 당시 중국에 유통된 외국은화는 11억 개이고, 그중 3분의 1이 멕시코 은화였다. 1899년 장난, 장시 지역의 총독 류곤일(劉坤一)은 "중국에서 사용되는 서양화폐 중에서 멕시코 은화가 가장 많다…… 상하이에 수입되는 양만 보아도 매년 1,000여만 위안이나 된다"고 했다. 펑신웨이(彭信威) 선생은 "멕시코는 주조한 은화 중 80퍼센트인 약 9억 6,000만 위안을 수출했고, 그중 중국으로 3억 위안 정도가 유입 됐다"고 분석했다. 청나라 말기 중국 전역에서 유통된 화폐 총량은 은화로 환산했을 때 21억 위안에 못 미치는데 그중 멕시코 은화가 5분의 1을 차지하니 전국 은량 총액 2억 5,000만 냥(합이 3억 4,700만 위안)은 멕시코 은화와 규모가 비슷했다.

예로부터 백성은 화폐를 교환과 가치 유지의 수단으로 보았다. 정부가 강요하지 않는 한 백성은 가장 편리한 화폐를 선택하게 마련이다. 그러나 정부의 입장에서 보면 화폐는 권력의 도구다. 그들은 화폐를 결정하고 이를 관리함으로써 화폐주권이라는 이름하에 강제로 이익과 자원을 배분했다.

명, 청대 이전의 중국은 상품시장이 발달하지 않아 행정적 분배나 비화폐 거래가 자원의 배치를 주도했고, 화폐에 대한 관리도 엄격하지 않았다. 정부와 민간에서는 현지 수요에 맞게 화폐를 만들거나 녹였다. 지역마다 은량은 성분과 종류가 제각각이어서 통일된 상품시장을 만들거나 현대 은행 또는 자본시장을 형성하기에는 한계가 있었다.

　스페인은 은화 덕분에 글로벌경제 시대 제1의 경제대국이 되었고, 유럽, 미국, 아시아에 분포된 상품을 자본시장과 연결할 수 있었다. 그런 의미에서 보면 스페인 은화는 진정한 의미의 글로벌 화폐라 할 수 있다. 그 후 멕시코 은화는 중국이 국제사회로 진입하는 데 중요한 역할을 했다. 본토의 농업, 무역시장과 함께 양행양화시장을 탄생하게 했고, 태환과 저장가치 기능은 중국의 전장과 표호 구조를 무너뜨렸다. 결국 중국 정부는 마지못해 통일화폐를 추진했다.

　광서 연간에 일부 정부 관리들은 멕시코 은화가 중국화폐제도를 잠식하고 있다는 사실과 서양은화제도의 선진성과 화폐제도 개혁의 필요성을 깨달았다. 1889년 양광총독 장지동(張之洞)은 멕시코 은화를 척결하기 위해 '민간이 사용하기에 적합하고 이권에도 도움이 된다'하여 광둥에 신식 은화인 용양(龍洋)의 주조를 허락했다. 이에 각 성은 속속 이를 모방해 약 2억 위안 가량을 주조했다. 이로써 중국에 처음으로 은화제도가 확립되었다. 선통 2년(1910)에 발표한 '폐제즉례(幣制則例)'는 멕시코 은화의 표준인 고평칠전이분(庫平七錢二分)과 순도 0.90을 기준으로 한 은본위를 채택했다. 칠전이분의 중량은 이때부터 중국 은화의 기준이 되었다. 그러나 당시 용양은 화둥과 화난 지역에서 멕시코 은화의 지위를 위협하지는 못했다.

중국 화폐제도의 성장

신해혁명 이후 중국의 은화제도는 점점 성숙되었고, 멕시코는 금본위를 실시해 은화 생산이 중단되었다. 그러자 중국에서 멕시코 은화의 수는 점차 감소하며 몰락하기 시작했다. 위안스카이는 집권 후 톈진에 중화민국 정부 조폐공장을 건설하고 1914년에는 통일화폐를 제작하기로 결정했다. '중화민국국폐조례'를 통해 위안스카이 두상이 새겨진 민국은화인 일명 '원대두'를 1위안짜리만 7억 5,000만 개 주조했다. 멕시코 은화의 영향으로 '원대두'는 중량이 칠전이분, 함량은 약간 줄어 0.89였다. 원대두는 중량과 함량을 엄격히 지키며 정교하게 주조되어 빠르게 전국 유통의 화폐가 되었다. 1928년 원대두는 이미 11억 개가 넘게 주조되었다. 원대두를 주조하고 유통하는 과정에서 많은 멕시코 화폐가 매입되어 다시 주조되었다. 민국 3년(1914) 톈진 조폐공장에서 녹인 멕시코 은화는 1,800만 위안에 달했다. 중국, 교통 두 곳 은행도 '정부를 도와 상하이 등 도시에서 멕시코 은화와 잡다한 은화를 수거해 다시 국폐를 만들었다.' 1931년 '외국돈을 녹여 만든 민국화폐'는 2억 위안에 달했고, 대부분이 멕시코 은화를 녹여서 만든 것이었다. 이 밖에도 중국 민간에는 은을 모으는 관습이 있어 엄청난 양의 멕시코 은화를 소장했다.

멕시코 은화는 1918년 '염여(鹽余: 염세 수입에서 각종 차관이나 이자를 지불하고 남은 돈)' 분쟁으로 상하이에서 몰락하기 시작했다. 당시 화이난, 화이베이와 저둥, 저시 지역의 소금세는 중국은행 지점을 거쳐 상하이로 호송되었다. 이때 HSBC는 멕시코 은화가 아니면 받지 않았다. 멕시코 은화가 점점 줄어들자 중국은행에게 전장을 통해 HSBC로부터 사들이라는 압력이 가해져 양측은 몇 차례 논쟁을 벌이기도 했다. 끝내 북양 정부와 은행조합이 한 번에 엽여 수백만 위안을 요구하자 멕시코 은화 잔고가 부족한 HSBC는 0.73006가격에(시가 0.72) 멕시코 은화와 중국 은화를 같이 사용하기로 결정했다. 이를 계기로 그해 5월 중국은행 상하이 지점은 국폐태환권을 발행하기 시작해 국폐는 상하이에서 멕시코 은화와 동등한 위치를 차지하기 시작했다. 5·4운동 기간, 상하이에 파업이 일어났고 외국은행이 발행한 태환권이 멕시코 은화로 태환이 되지 않았다. 중국은행은 다시 이 기회를 이용해 은행공회(公會)와 전업공회에 멕시코 은화의 거래 취소를 촉구했다. 이에 전업공회는 다음과 같이 통지했다. '상하이에는 멕시코 은화가 감소해 공급이 원활하지 않다. 우리나라에는 용양이 있고 또 새로운 화폐를 주조하고 있으니 이를 유통시키면 상업계도 편리할 것이다.' 이때부터 신폐와 멕시코 은화, 용양(대청, 강남, 호북, 광동 네 가지)이 '함께 사용되었으며 우열을 가릴 수 없었다.' 멕시코 은화의 몰락과 동시에 중국은화제도의 통일은 결정적인 첫걸음을 내딛었다.

민국 13년(1924) 상하이 상업저축은행은 전국 19개 성 48개 상업부두에서 유통되는 화폐를 조사했다. 그 결과 멕시코 은화가 18개 부두에서 사용되었고, 그중 6개 부두는 함량이 약간 낮은 원대두에

차액을 지급하고 있었다. 원대두는 여러 지역에서 가장 광범위하게 유통되었고, 가장 널리 통용되고 가장 환영받고 가장 유행하는 화폐였다. 1930년, 국민정부 재정부는 멕시코 은화를 비롯한 외국은화의 수입을 금지했다. 그 후 1934년 뉴욕총영사관은 멕시코 은화가 중국에서 제약 없이 합법적으로 통용되는지를 문의해 왔다. 이에 재정부는 다시 금지령을 발표함으로써 법적으로 멕시코 은화가 중국에서 유통되는 문제를 일단락 지었다.

그런데 1928년 중국 공산당이 징강산에 설립한 홍군조폐공장과 1932년 루이진에 설립한 중앙조폐공장이 모두 멕시코 은화의 거푸집을 사용하고 표면에만 '공(工)' 또는 '공인(工人)'이라는 글자를 새겨 넣어 화폐를 만들었다. 1920~1930년대 멕시코 은화는 신용이 좋아 남쪽의 많은 지역에서 개인이 은화의 틀을 만들어 주조하는 경우가 많았다. 1928년 5월 후난, 장시 국경에 소비에트 정부가 들어서자 조폐공장은 징강산의 상징촌으로 이전했고, 홍군조폐공장은 토호를 소탕하고 전쟁 중에 걷은 은제품과 은그릇을 녹여 은화를 만들었다. 은화틀은 직선형에 가장자리가 톱니바퀴 모양인 멕시코 은화틀 한 가지밖에 없었기 때문에 노동자와 농민의 소비에트 정권이 만든 은원과 시장에서 유통되는 각종 사제 은화를 구별하기 위해 홍군조폐공장은 은화에 '공'이라는 글자를 새기고 이를 '징강산공자은원(井岡山工字銀圓)'이라 불렀다.

1932년 3월 27일, 홍군은 푸젠 상항에서 국민당 군대 중샤오구이(鐘紹圭) 부대를 무찌르고 조폐기와 거푸집을 얻어 바로 루이진으로 보냈다. 이때부터 중앙조폐공장은 기계로 주화를 만들기 시작했다. 그러나 주조된 돈은 여전히 멕시코 은화나 쑨원 두상이나 위안스카이 두상이 새겨진 은화였고 표면에는 여전히 '공인'이라고 새겼다. 주조된 은화는 한 상자에 500위안씩 넣어져 중앙으로 보내졌다. 중앙 소비에트 공화국은 이 은화로 백색 지구에서 필요한 물자로 바꾸었다. 혁명가들은 이 은화로 생계를 해결했다. 1949~1951년 티베트로 진군할 때까지 신중국은 편의상 원대두를 주조했다.

역사를 되돌아보면, 주의 깊게 살펴볼 부분이 몇 가지 있다.

첫째, 은화는 역사에서 사라졌지만 스페인 은화와 멕시코 은화가 중국 근대 금융에 미친 영향은 객관적으로 바라보고 인정할 필요가 있다. 서양은 중국에 아편이나 전쟁, 식민지를 겪게 했지만 동시에 자아도취에 빠진 천조의 환상이나 우매함 그리고 자연경제를 무너뜨렸다. 멕시코 은화와 원대두는 모두 중국 근대 금융시장에서 독특한 기능을 발휘했다.

둘째, 정부의 개입으로 화폐의 기능이 기존의 가격 결정, 교환, 저장보다 훨씬 더 다양하고 복잡한 기능을 갖게 되었다. 이는 여러 사회제도에서 새로운 금융생태계를 만들어 내고 사회구조에 반작용하고 있다. 스페인 은화와 멕시코 은화 덕분에 자원과 화폐본위제도가 여러 국가로 이동해 보편적 가치관을 보급함으로써 사상 혁명가들이 현존의 구조를 계승하게 했다. 이런 의미로 볼 때 화폐와 화폐제도는 독자적인 생명력을 갖는다고 말할 수 있다.

셋째, 글로벌화는 통치자가 원하든 아니면 일부러 장애를 만들든 역사의 진행 과정이다. 화폐의 글로벌화는 더욱 그러하다. 당시 멕시코 은화 때문에 중국이 은량제도를 포기하고 위안의 시대를 연 것이나, 지금 중국의 위안화가 여러 국가의 결제수단이나 비축통화로 자리잡은 이런 역사적 변천은 정말 감개무량하다. 그러나 그 안에 내재된 메가트렌드에 더 주목해야 한다. 중국의 외환보유고와 위안화 지불능력은 중국의 실제적 국력과 상응해야 하고, 중국의 엄청난 구매력이 중국경제의 혁신과 국민의 생활복지를 향상시킬 수 있을지 지켜봐야 한다.

제17장

중국 양무운동의
절름발이 금융

양무운동의 성과로 당시 중국 산업생산액과 경제 규모는
일본을 능가했다. 이에 영국 언론에서는 중국을
미래의 경쟁상대라고 보도하기도 했다.
그러나 작은 금융기교가 제도 전체를 뒤흔들었다.

양무운동

주류 학계는 100년 전에 발생했던 양무운동에 대해 거들떠 볼 가치도 없다는 부정적인 태도를 취한다. 현대사학의 습관적인 표현이자 복잡한 중국 근대산업의 초기 과정을 표현하는 유행어를 소개하면 다음과 같다. '중국의 학문을 본체로 하고 서양의 학문을 응용한다.'(장지동/張之洞)와 '서양 오랑캐의 장점을 배워 그 힘으로 서양을 제압하자.'(위원/魏源)

이홍장이나 성선회 같은 지도자급 인물은 언제나 부정적으로 묘사되었고, 양무운동은 제도개혁과 사회혁신을 회피한 한바탕 소동으로 다뤄졌다. 청일전쟁에서의 실패와 전권을 장악했던 성선회 일대기 등은 양무파의 매국행위에 대한 국민의 증오심을 더욱 증폭시켰다. 오늘날 양무운동은 탐관오리를 공격하고 개방을 저지하는 데 큰 비중을 두며 종종 언급되기도 한다. 그러나 필자가 보기에 이는 재고의 여지가 있다.

양무운동은 제2차 아편전쟁 때 시작되었다. 영국과 프랑스 연합군이 베이징으로 들어와 청나라 정부에게 2년 전에 체결한 톈진

조약 내용을 확인하고 더 굴욕적인 베이징조약 체결을 강요했다. 1861년, 청 정부는 대외업무, 즉 양무(洋務)를 도맡아 처리하는 총리각국사무아문(總理各國事務衙門)을 만들었다. 그 당시 양무운동은 30여 년간 활발히 전개되며 민족발전에 유익한 점도 있었지만, 얄궂은 운명에 처해 논쟁이 일었다. 1894년, 중국해군은 예상과는 달리 일본해군에 패해 수십 년간의 노력이 모두 수포로 돌아갔고, 이홍장의 굴욕적인 퇴진은 중국 부흥에 기대를 건 양무운동의 종말을 의미했다.

양무운동은 '자강'을 위해 시작된 운동이다. 기세등등한 해외 열강의 군대에 맞서 기계와 기술설비를 도입해 근대화된 군수산업을 건설하자는 것이었다. 그 내용은 군사, 정치, 경제, 교육, 외교 등 방대하고 복잡했으며, '자강'을 이유로 군수산업을 발전시키고 군수산업을 중심으로 많은 기업을 만들고, 신식무기장비를 갖춘 육해군을 창설하는 것이었다. 양무운동의 여러 조치는 자신의 부대를 무장하고자 하는 지방 제후들의 의도와 맞물렸다. 이를테면 증국번이 안후이에 세운 안경내군계소(安慶內軍械所), 이홍장이 상하이에 세운 강남제조총국(江南製造總局), 장지동이 우한에 세운 한양병공창(漢陽兵工廠), 좌종당이 시안에 세운 서안기기국(西安機器局) 등이다. 이들 군수산업은 관영의 성격을 띠었으며, 세관의 세금과 군대 지급금으로 투자가 이루어졌고 다른 시장루트는 없었다.

정부의 재정상황이 어려워지고 제후들 간의 경쟁이 과열되자 양무운동은 후반으로 접어들면서 시장으로 눈을 돌렸다. 민간기업에 투자하고 '이윤추구' 원칙에 입각해 회사를 세우고 독립적이고 안정적인 이윤을 확보하기 위해 노력했다. 마찬가지로 지방 대신의 투자로 산업배치가 이루어졌다. 이홍장이 허베이와 상하이에서 지원한 개봉탄광과 윤선초상국(輪船招商局), 장지동이 후베이에 세운 호북직포국(織布局)과 한양철창(鐵廠), 좌종당이 간쑤에 세운 감숙제조국 등이다. 동시에 양무파는 해양 방어를 위해 1884년에 남양, 북양, 복건해군을 창설했다. 양무파는 해군아문을 장악한 후 북양함대를 만들고 여순도크와 위해해군항을 건설했다.

이홍장이 총리대신이 된 후 양무운동은 전성기에 접어들었다. 다른 대신 이야기는 차치하고 이홍장의 행적만 보더라도 실로 놀랍다. 호북자주석탄철광(1875), 강서흥국탄광(1876), 호북광제탄광(1876), 개평광무국(1877), 상해기기직포국(1878), 산동역현탄광(1880), 천진전보총국(1880), 당서철도(1881), 상해전보총국(1884), 진고철도(1887), 막하금광(1887), 열하사도구동광 및 삼산납은광(1887), 상해화성방직총창(1894) 등 민간기업을 세워 광업, 철도, 방직, 전신 등 다양한 사업을 했다.

좌종당은 1866년에 민절(閩浙)총독 신분으로 복주선정국(船政局)을 만들고 이듬해 협감(陝甘)총독으로 부임했다. 이 기간에 양모 생산량이 풍부한 서북 지역에 난주제조국을 세우고, 난주직니국(織呢局)을 만들었다. 그리고 먼저 세웠던 복주선정국은 1870년대 이후 서양직원을 해고했다. 이홍장의 강남제조총국의 '양인과 양인 기술자가 아니면 안 된다'는 이념과 달리 그는 자력갱생으로 양무운동을 추진하겠다는 사상이었다. 또 다른 양무대신 장지동은 1898년에 《권학편(勸學篇)》을 저술했는데 "중국의 학문을 본체로 하고 서양의 학문을 응용한다"는 말이 여기서 나왔다. 이는 양무파와 초기 개량파의 기본강령을 종합한 것이자 양무파의 지도사상이 잘 드러난 말이다. 1889년 호광(湖廣)총독 시절, 장지동은 후베이에 호북직포국, 한양연철창, 한양병공창 등을 세우고 1908년 월한(粤漢)철도와 후베이 경내의 철한(川漢)철도 감독관리를 명령받았다.

통계를 보면 양무운동으로 근대 군수공업 19개, 근대 민간공업, 광업, 교통기업 40여 개가 생겨났다. 1894년까지 양무운동 관련 기업의 자본금은 263,443위안으로 당시 근대기업 자본총액의 45.22퍼센트였다. 근로자수는 총 3,411~40,810명으로 당시 근대기업 전체 근로자수의 37.33~41.62퍼센트에 달했다.

중국의 통상항구는 1860년 이전에는 7개에 불과했는데, 양무운동 이후인 1894년에는 34개로 늘었다. 외국에서의 수입액도 1864년의 5,100여만 냥에서 1894년에는 1억 6,000만 냥으로 급증했다.

양무운동을 추진하는 동안 중국으로 수입되는 화물을 보면 1880년대 후반부터 면직품이 아편을 제치고 1위를 차지했다. 수출화물은 1880년대 전반기에는 주로 차와 명주실이었는데, 후반부터는 면화와 대두가 점점 늘어나기 시작했다. 중국도 세계시장의 일부로서 서방국가의 상품을 판매하는 시장이자 값싼 원료 생산지가 된 것이다.

양무운동으로 중국 전통의 내생경제가 당시 글로벌 산업화와 연계되며 기계 생산체계와 소비체계의 공백이 빠르게 메워졌다. 이 기간 청나라 정국은 안정되었고, 증국번, 장지동, 좌종당, 이홍장 같은 대신들이 정권을 잡고 있었다. 태평천국의 난은 진압되었고, 외국의 열강도 자국 내의 사무에 바삐 움직이며 청 정부와 밀접한 무역교류를 이어갔다. 이것이 바로 '동치중흥(同治中興)'이다.

당시 중국 산업생산액과 경제 규모는 일본을 능가해 영국 언론에서는 중국을 미래의 경쟁상대라고 보도하기도 했다. 그래서 청일전쟁이 발발하기 이전 중국이나 일본 등 많은 국가가 중국의 승리를 예감했다.

양무운동의 진정한 한계

양무운동은 금융제도, 근대금융기구나 금융수단에 관한 내용보다는 군사, 공업, 무역, 교육 관련 조치 내용이 대부분이었다. 당시 중국의 금융구조는 매우 단순해 정부의 수입, 지출과 관련된 금융시스템 외에는 표호와 전장이 전부였다. 표호는 산시 지역에서 가장 발달했고, 주로 환업무와 기관의 예대업무를 했다. 전장은 현지 상업과 관련된 예금이나 대출업무를 주로 했다. 자생적으로 성장한 상업활동을 보호하고, 항구 개방으로 물밀듯이 밀려오는 서양문물과 근대산업에 대항하기에 표호와 전장은 자본력이 약했다.

아편전쟁 이후 1845년에서 1860년대 사이 자본규모와 경영방식, 리스크 관리능력을 갖춘 외국계 은행은 산업자본에 힘입어 중국으로 퍼져나가며 크게 성장했다. 이에 따라 중국 본토의 표호와 전장은 도시 외곽으로 밀려나고 사양 산업으로 전락해 근근이 명맥을 유지했다.

양행의 매판이었던 상인 당정추(唐廷樞)는 1876년 금융시장을 겨냥해 광저우에 주식제 신식은행을 설립하자고 제안했다. 이에 이홍장은 1887년에 미국과 화미(華美)은행 공동설립을 승인했으나 조정이 이를 반대했다. 10년 후인 1897년에 이르러 성선회에 의해 마침내 중국에 주식제 은행인 중국통상은행이 탄생했다. 당시 인기를 끌었던 광산 개발, 도로 건설, 조선, 수리 전력 사업과 달리 은행에 관련된 동의 문제는 20년이 지나서야 성과를 보았다.

중국에서 양무운동이 진행되는 동안 일본에서는 '메이지 유신(1868~1889)'이 한창이었다. 도막전쟁(倒幕戰爭)부터 대정봉환(大政奉還)에 이르기까지, 도쿄 천도에서 내각 수립에 이르기까지 일본은 서양의 근대화 산업기술과 경제제도를 대거 도입했다. 이를테면 화폐를 통일하고 1882년에는 일본은행을 설립했다. 또한 상공업계의 조합제도와 독점조직을 철폐하고, 상공업 발전을 추진했으며, 정치 개혁과 헌법 제정을 추진했다. 일본의 군국주의 성향은 군사력을 강화시켰다. 이기면 나쁜 짓도 용서가 되는 것처럼 청일전쟁으로 일본 메이지 유신의 성공은 중국 양무운동의 성과를 완전히 말살했다.

양무운동은 군수산업, 광산, 철도 같이 실질적인 산업에 주로 투자가 이루어졌고, 환업무나 결제, 신용대출 등의 금융기관 업무에는 큰 관심이 없어 여전히 정부의 강제지불제도와 민간의 개인 신용에 의지해 근대 산업 건설과 배치가 이루어졌다. 정부재정은 파산 위기에 처했고, 민간의 전장과 표호도 붕괴 직전이었다. 이런 상황에서 외국계 은행과 매판제도는 중국 금융시스템의 역군으로 자리잡았다. 중국은 외국계 은행의 자금과 채권으로 광산, 철도, 공장, 우편, 수리공장 등을 건설했고, 심지어 정부예산도 외채 발행을 통해 충당했다. 필자가 뒷부분에서도 언급했듯이 1911년 성선회가 추진한 4개국 차관은 청 정부의 철도국유화를 초래했고, 이는 신해혁명의 도화선이 되었다.

양무운동은 근대 금융제도의 중요한 요인인 법적 구속력을 가동시키지 못했다. 유럽은 17세기에 이미 유한책임회사를 만든 사례가 있고, 영국은 1856년에 회사법을 반포했다. 이로써 유한책임의 법률적 지위가 명확해졌으며, 현대회사가 진보하는 데 가장 중요한 초석이 되었다. 투자자의 리스크를 출자액 한도로 엄격히 제한해 현대 자본의 대규모 집적을 가능하게 했다. 1904년 청 정부가 '공사율(公司律, 회사법)'을 발표하기 이전 중국의 표호나 전장 같은 금융기관은 주주가 모든 자산을 도맡아 경영하는 무한책임제였다. 따라서 금융기관은 가능하면 주주의 분산화 경영을 추진했고, 자본과 경영범위는 제한된 범위 내로 엄격하게 통제되었다.

흥미로운 점은 양무운동 기간에 생겨난 많은 기업이 양행의 주주구조를 참고해 주식제 회사를 수립했다는 것이다. 이홍장, 장지동, 성선회 등도 대부분 주식제 회사를 세워 정부 소유 주식을 개인이 보유하고 경영자는 많은 이익을 얻었다. 주식뿐만 아니라 상권(商權)에 대한 이익도 배당하고 접근권, 효도금 등의 비용도 있었다. 이렇게 이윤을 독식하고 리스크를 회피하는 특수한 형태의 회사체계는 성선회 같은 관상이 멋대로 행동하고 심지어 같은 업종의 양인들을 쫓아내는 왕도로 통했다. 따라서 양무운동의 주도자는 금융의 실질적인 묘미는 모르는 채 그저 수단을 써서 푼돈이나 벌며 제도 속에 숨어 있는 복잡한 더 큰 이익은 보지 못했다.

양무운동은 청나라가 붕괴될 무렵에 시작되어 외적을 앞에 두고 치욕을 느끼면서 때때로 의인의 마음으로 격분하기도 하고, 또 어느 순간에는 뛰어난 신하와 장수의 고군분투를 격려하기도 했다. 열강들의 힘겨루기로 글로벌 근대산업체계와 시장의 수요는 중국과 일본에 변혁의 계기를 제공했다. 양무운동과 메이지 유신을 계기로 근대 산업기술과 설비가 도입되고, 교육시스템과 관리기구가 개선되었다. 이는 아시아 경제가 글로벌 시장에서 부상할 수 있는 최초의 기회였다. 중국과 일본은 각자 선택한 정치제도와 문명의식에 따라 각자의 길을 선택했고, 금융의식이나 수단, 금융기관의 수립 여부와 발전수준에 따라 격차는 더욱 벌어졌다.

근대산업체계를 발전으로 이끄는 주요 추진력은 금융, 의식, 수단, 기관이다. 이는 산업체계의 내재적 요인이다. 양무운동으로 기계와 기술은 도입했지만, 금융의식을 습득하고 이에 상응하는 제도를 수립하는 데는 실패했다. 이는 절름발이 산업화다. 후세인들은 정치제도와 문화의식의 실패를 더 많이 언급하는데, 이런 평가는 우리가 양무운동의 이해득실을 이해하는 데 걸림돌이 된다. 그러나 더 중요한 것은 금융제도와 산업, 사회, 정치 등에 존재하는 내생관계를 정확히 이해하지 못했다는 점이다.

제18장

철도와 금융이
중국의 산업혁명을
이끌다

내우외환, 정국불안, 차관계약 이행불능, 정부신용 파산위기,
철도융자 중단 등으로 산업혁명의 꿈은 무산 위기에 놓였다.
지금까지도 철도 건설과 시장의 융자능력이 부족한 점은
생각해 볼 문제다.

산업혁명과 철도산업의 관계

1976년에 중국 채권과 관련된 책이 서양에서 중국채권 붐을 일으켰다. 중국은 채권의 종류가 다양하지 않아 런던거래소에 갑자기 가격이 표시되면 소장가들에게 희망을 준다. 1979년 도이치방크가 1898년에 발행한 액면가 500파운드의 중국 철도채권이 14,000파운드에 낙찰되었다. 물론 호광(湖廣)철도 채권사안이 종결되면서 이 채권은 거래 상환도 안 되고 그저 전문가들에게 소장품으로서의 감상의 의미만 있었다. 전쟁과 정부의 교체로 산업혁명은 중단되었지만, 이 채권을 통해 중국 산업혁명과 관련된 융자역사의 일면을 엿볼 수 있다.

서양의 산업혁명은 영국의 방직산업에서 시작해 철도산업이 성숙단계로 발전하면서 끝났다. 세계 최초의 철도는 1825년 영국 스톡턴과 달링턴 사이를 잇는 철도다. 영국과 미국은 모두 1820년대 초에 이와 관련된 산업 사이클이 갖추어졌다. 미국처럼 영토가 넓은 국가는 철도산업이 산업혁명의 핵심지표다. 철도산업은 자본집약형 산업이기 때문에 자본시장의 발달과 맞물려 발전했다. 20세기

초 뉴욕증권거래소에 상장한 기업 중 약 60퍼센트가 철도 관련 기업이었다.

여러 학자의 연구를 보면, 산업혁명에서 철도는 매우 중요한 의미를 갖는다. 유럽의 주요 국가는 거의 모두 철도를 통해 산업혁명을 추진했다. 다른 국가보다 산업화가 조금 늦게 시작된 독일의 경우, 1850~1860년대에 이르러 영국이나 프랑스의 산업 발전 속도를 앞섰다. 1850~1869년까지 독일의 연평균 성장률은 10.2퍼센트였고, 같은 기간 프랑스는 6.7퍼센트였다. 영국은 1849~1870년까지 5.2퍼센트에 불과했다. 철도는 독일이 부상하는 데 중요한 역할을 했다. 독일의 최초 철도는 1835년에 건설되었다. 뉘른베르크에서 퓌르트에 이르는 길이 6,000미터의 철도이며, 1839년에는 라이프치히에서 드레스덴까지의 철도가 완공되었다. 1869년, 독일철도는 총길이가 1,770만 미터에 달했고, 그중 프러시아가 1,000만 미터를 차지했다. 독일의 산업발전 속도와 철도발전 속도는 정비례했다.

러시아의 산업혁명에서도 철도는 단계별로 견인 역할을 했다. 1851년에 상트페테르부르크와 모스크바를 잇는 철도가 개통되었고, 1861년에는 철도 길이가 총 238만 8,000미터에 달했다. 1860년대에 이르러 철도는 모스크바를 기점으로 중부 9개 성의 주요도시를 연결했고, 철도로 연결된 우랄과 우크라이나는 새로운 공업중심 지역으로 탄생했다. 그들은 영국과 프랑스 자본을 탄광채굴업, 철광제련업에 투자해 전국 철도 건설에 필요한 철도레일을 생산하고, 남쪽으로는 바쿠석유기지를 발전시켰다. 1887년, 러시아는 3,013만 2,000미터의 철로를 보유했고, 1억 1,300만 인구 중 132만 명이 철도 노동자였다. 1887년 이후부터 산업발전 속도에 가속이 붙어 1890년대에 농촌 지역에는 이미 공산품 판매 시장이 안정적으로 형성되었다. 당시 건설한 시베리아 철도로 석탄과 철광에 대한 수요가 증가했고, 산업이 동쪽으로 확대되었다. 1900년에 이르러 러시아의 철로 길이는 5,335만 미터에 달했고, 산업혁명도 거의 막을 내렸다.

다시 중국의 상황을 살펴보자. 경제를 자급자족으로 해결하던 명, 청 시기 중국의 농경사회는 아직 전국적인 시장을 형성하지 못했다. 운송은 대부분 수로나 마차를 이용했기에 이런 교통수단으로는 독립적인 시장을 형성하기는 힘들었다. 아편전쟁 이후 중국은 '오구통상(五口通商)'의 개방시대를 맞이했다. 서방열강은 자신들의 발달한 철도기술을 갖고 중국 내륙으로 들어와 전략적 요충지 건설을 서둘렀다. 철도 건설은 당시 중요한 비즈니스이자 정치적 목표가 되었다.

다른 한편으로 중국의 양무파 지도자들도 서양의 사례를 통해 철도와 광산이 현대화 실현에 얼마나 중요한지를 깨닫게 되었다. 혁명지도자 쑨원이 1894년 이홍장에게 보낸 상서를 보면 "지금 세계 각국은 철도를 생명줄로 여긴다"고 말하며 철도 건설의 중요성을 호소했다. 쑨원은 하야 후 임시정부의 위탁을 받아 전국철도독판에 임명되어 중국철도총공사를 세우고 철도 건설을 위해 많은 노력을 했다.

1876년 영국 이화(怡和)양행은 상하이에 송호(淞滬)철도(우송에서 상하이까지)를 건설했다. 1만 5,000미터 길이의 이 철도는 중국 최초로 여객화물 수송을 담당했다. 그러나 1년 남짓 운영하고 청 정부가 28만 냥의 백은을 상환하고 철거했다. 1881년에 탕산에서 쉬거좡(胥各庄)까지 철도가 개통되었고, 중국 최초의 증기기관차 '용호(龍號)'가 제작되면서 중국은 독자적인 철도시대를 열었다.

그러나 중국철도와 광산 건설이 붐을 일으키게 된 결정적인 계기는 청일전쟁에서의 실패와 8개국 연합군의 간섭이었다. 중국이 패하자 서양 열강이 몰려와 상업적 이윤을 추구할 거점 확보에 열을 올렸다. 영국, 미국, 러시아, 독일, 프랑스, 일본이 중국 연해도시를 점령해 항구를 조차하거나 투자하고, 자국의 투자자들에게 철도 건설을 장려했다. 미국은 영국과의 경쟁을 고려해 대통령이 직접 나서서 문호개방주의를 역설하고 상인들에게 달러외교를 하도록 강조하며 특히 중국의 철도와 광산 그리고 항구에 투자할 것을 장려했다.

철도산업은 금융시스템이 밑받침되어야 한다

영국과 미국에서 일어난 철도 붐은 성숙한 금융시장 시스템에서의 융자가 가능했기 때문이다. 특히 미국의 금융가 J. P. 모건이 만든 신탁과 증권은 유럽단기자금을 지속적으로 미국의 철도산업으로 끌어들였다. 그러나 그때까지 중국은 금융시스템이 구축되지 않았고, 정부의 관리도 부재한 상황이어서 민간의 전장과 표호를 통해 단기자금이 회전되었다. 따라서 장기간의 자본투자가 필요한 철도를 건설할 여력이 없었다. 장지동, 이홍장, 좌종당, 성선회 같은 지방 관리들이 있기는 했지만, 정치인맥을 이용해 지방의 광산이나 강철공장에 한정된 자금을 투자하는 정도만 가능할 뿐 철도 건설 투자는 역부족이었다.

중국이 문호를 개방하고 산업화를 추진하면서 서양의 은행과 철도 그룹은 중국 정부에 직·간접적으로 철도 건설 프로젝트 사업 등 새로운 사업기회를 타진했다. 판매자 신용대출 방식으로 자국의 기관차나 철강, 설비자재 등을 구매하라는 나라도 있었고, 중국 정부나 기업과 합자방식으로 철도에 직접 투자하겠다고 제의하는 나라도 있었다. 또 중국 정부를 대신해서 해외에서 장기철도채권을 발행하는 철도융자를 제안하기도 했다. 청일전쟁부터 1930년대까지 일본이 중국을 침략한 30~40년 동안 철도융자는 중국이 완수하지 못한 산업혁명과 금융시장 활동의 원동력이 되었다.

중국 내에서의 외채발행은 세 차례 있었다. 청나라 때인 1884년, 1898년 그리고 1911년이었다. 그 양이 많지는 않았는데, 호광철도채권 규모가 가장 컸다. 중화민국 초기에 이르러 발행 종류가 다양해졌지만, 규모는 크지 않았다. 약 430종에 달했다는 통계가 있는데, 주로 철도 건설과 자재 구매, 정부 융자 그리고 비행기 같은 특수 구매에 쓰였다. 그중 많은 부분은 기존의 것을 상환하고 새로운 융자를 받기 위한 용도로 쓰였다. 세 번째는 제2차 세계대전 때로 전쟁으로 인해 발행된 채권 중 상당수가 중도 폐기되었고, 애국채권 성격의 것은 상환된 것이 드물었다. 중국의 철도채권에 관해 많은 이야기 중 한두 가지를 소개하겠다.

첫째, 용해(隴海)철도는 중국 동서방향 간선철도로서 서양에서는 룽친위하이(隴秦豫海)철도라고 불린다. 1905년에 착공해 1952년에 완공된 이 철도는 동쪽의 렌윈항에서 서쪽의 란저우까지를 연결하고, 길이가 175만 9,000미터에 달한다. 용해철도는 산시(陝西) 지방 정부가 운영하다 1908년부터 민간이 운영하기 시작했다. 자금조달이 어려워 몇 년 동안 운영이 중단되었다가 1911년에 다시 국유화되었다. 1912년 북양 정부와 벨기에와의 차관 협상으로 단계별 건설이 결정되었다. 1920년에 다시 벨기에, 네덜란드에 차관을 빌려 보수가 이루어졌다. 1924년, 북양 정부는 제3차 차관으로 중국에서 1,000만 은원채권을 발행해 국내 공사에 투입했다. 동시에 해외에서 7,500만 벨기에 프랑을 10년 만기로 발행해 설비와 자재를 구매했다. 그러나 시국의 변화로 절반만 발행하고 이듬해에 이자 지급을 위해 하는 수 없이 또 차관을 빌렸다. 중화민국 시기에 이르러서도 정부는 계속 벨기에에 돈을 빌렸고, 프랑스도 융자에 참여했다. 객관적으로 볼 때 용해철도는 국제자본으로 초석을 다졌다고 할 수 있다.

여기서 언급하고 싶은 것은 1921년 11월 20일에 용해철도 노동자들이 감원과 임금삭감, 노동자 학대 등을 이유로 파업을 시작했다는 점이다. 이로써 중국 동서를 가로지르는 대동맥인 용해철도 건설이 중단되었다. 1921년 11월 8일 룽하이로 퉁산(銅山) 역의 경비가 기무총감독의 명령을 받아 공장의 유일한 기무노동자들의 출입문인 빠하오먼(八號門)을 갑자기 봉쇄하는 사건이 벌어졌다. 분노한 노동자들은 문을 억지로 열었는데, 이 때문에 노동자 2명이 해고당하는 '빠하오먼 사건'이 발생했다. 사건 발생 후 쉬저우(徐州)철도 노동자들은 노동자 대표를 뤄양, 정저우, 카이펑 등 큰 역으로 보냈다. 11월 20일 새벽, 퉁산 역의 모든 기무노동자가 먼저 파업을 시작해 '용해철도파업선언'을 발표했다. 그들은 '학대반대, 인권쟁취로 국가의 명예를 지키자' 등의 구호를 외치며 7일 동안 전면 파업에 들어갔다. 그리고 룽하이전노총공회(隴海全路總工會)를 조직하고 노동조합서기부(書記部)에 회원으로 가입할 것을 결정하고, 동시에 서기부가 정식으로 대표를 파견해 쉬저우, 뤄양, 카이펑 역의 노조업무를 지도할 것을 요구했다. 이를 통해 철도 건설은 단지 산업만을 의미하는 것이 아니라 훗날 중국 정치의 발전에도 직접적으로 영향을 미쳤음을 알 수 있다.

둘째, 호광철도 채권 사건이다. 1911년, 청 정부와 서방 4개국은 40년 만기에 금액은 600만 파운드 규모의 차관 계약을 맺었다. 철도의 두 구간은 모두 호광총독 관할구역에 있었다. 전란과 정부 교체로 1936년부터 이자를 받는 사람이 없었고, 1951년 원금만기 때가 되었는데도 상환을 요구하는 사람이 없었다. 1979년에 중미 수교 후 미국인 몇 명이 채권 소지를 이유로 미국 앨라배마 주 연방지방 법원에 중화인민공화국 정부를 상대로 원금과 이자를 합쳐 2억 2,000만 달러 상환을 요구하는 소송을 제기했다. 앨라배마 주 연방 법원은 이 사건을 수리해 1979년 11월 13일 중국 외교부 장관에게 소환장을 보내 중국 정부는 20일 내에 소환에 응할 것을 요구했다. 중국 정부는 국제법의 주권사면원칙에 따라 미국법원의 소환장을 반송했다. 그러자 미국 앨라배마 주 연방법원은 일방적으로 '결석재판'을 진행해 미국에 있는 중국의 재산을 압류했다. 그러나 중미관계를 고려한 미국 정부는 이 사건이 미국의 중요한 국제관계와 연관이 있다는 것을 이유로 법원에 결석재판 철회를 요청했다. 이 사건으로 잠시 악화되었던 중미 관계는 다시 회복되었다. 호광철도 채권은 신해혁명 발발의 주요 원인으로 이와 관련된 내용은 책 후반부의 '채권 한 장이 신해혁명을 유발하다'(제21장)라는 장을 통해 언급을 했기에 여기서는 자세히 설명하지 않겠다.

셋째, 철도융자의 재조직이다. 중화민국 초기, 중국 철도는 대체로 외국 차관과 융자에 의존하고 있었는데 정국이 불안해 차관이 이행되지 않은 것이 많아서 정부의 신용은 거의 파산 직전이었다. 1935년에 국민정부는 오랫동안 중국은행 총재를 역임한 금융전문가 장자아오(張嘉璈)를 철도부 장관에 임명했다. 장 장관은 즉각 철도채권에 관한 협상을 재개했다. 그는 금리 인하, 복리 철회, 원금 감면, 상환기한 연기 등을 내용으로 협상해 진푸(津浦)철도, 다오칭(道淸)철도, 광지우(廣九)철도, 용해철도, 호광철도 등의 협상안을 마무리 지었다. 1937년 4월, 철도채무의 90퍼센트가 정리되었다. 중국철도 채권의 신용이 크게 개선되어 국민정부가 다시 새로운 채권을 모집하는 데도 도움이 되었다. 이후 철도부는 외국 채권인과 다양한 계약을 체결했다. 외국이 참여한 철도는 영국이 참여한 후항용(滬杭甬)철도, 중국과 독일이 참여한 샹첸(湘黔)철도, 중국과 프랑스가 참여한 청위(成渝)철도, 중국과 영국이 참여한 징간(京贛)철도, 중국과 프랑스가 참여한 구이쿤(貴昆)철도, 중국과 영국이 참여한 광메이(廣梅)철도, 중국과 영국이 참여한 푸샹(浦襄)철도 등이 있다.

철도와 금융의 결합에서 빼놓을 수 없는 인물이 장자아오다. 금융인이었던 그가 교통 분야에 발을 들여놓으면서 중국 철도는 빠르게 발전했다. 그는 자금이 부족하자 철도채권을 이용해 1936년 1월에는 신간(新贛)로 난창에서 핑샹(萍鄕)구간까지, 2월에는 샹첸로 주저우(株洲)에서 구이양(貴陽)까지, 1937년에는 샹구이(湘桂)로 헝양(衡陽)에서 구이린(桂林)까지, 1938년에는 뎬몐(滇緬)철도를 완공했다. 전면 항전으로 나라가 어려웠던 1937~1942년 국민정부가 수도를 충칭으로 옮긴 시기 그는 총 길이는 100만 미터의 철도를 완공했다. 8년이라는 항전기간 동안 장자아오는 신축 철도 5개년 계획을 수립하고 공채발행으로 500만 미터의 철도 건설 계획을 추진했다. 이를 위해 그는 공채 1억여 만 위안을 발행하고 외자 3,000만 파운드를 도입했다. 그러나 안타깝게도 전쟁의 여파로 모든 계획은 무산되고 그도 이로 인해 사임했다.

중국의 철도와 금융역사를 보면 금융과 관련해 눈여겨볼 부분이 몇 가지 있다.

첫째, 철도융자에 관한 국가신용이다. 미국의 초기 철도는 대부분 개인이 투자하고 정부가 토지와 독자경영권 그리고 면세혜택을 주었다. 주 정부도 철도채권발행이나 주식투자 방식으로 융자에 편의를 제공했다. 펜실베이니아 주와 버지니아 주, 조지아 주 등 일부 지방정부만이 정부로부터 직접투자를 받았다. 그러나 중국철도 역사 100년을 살펴보면 모두가 정부 주도로 이루어졌고, 시장의 참여는 매우 적어 자본시장의 융자도 대부분 국가의 신용에 의지했다. 호광철도 채권 소송사건은 국제사법사상 특별한 사례로, 정치적 요소가 많이 개입된 그리 영광스럽지만은 않은 사건이다. 그리고 정부신용이 실추되어 중국 고속철도 건설이 장기간 정부지원을 받으면서도 자국 시장에서 융자능력을 수립하지 못한 것이 중요한 교훈이라 하겠다.

둘째, 철도융자에 관한 산업체인이다. 철도 건설에는 철강 수요가 동반되어 철강소와 탄광 건설 및 업, 다운스트림 기업이 함께 발전한다. 철도네트워크가 구축되면 농업이 발전하고, 거대한 농산물 시장이 탄생한다. 그리고 철도는 사회와 문화의 변화를 동반한다. 교통이 편리해지면 관광이나 주민들의 이주가 원활해져 국가 경제와 정치통합이 수월해진다. 중국 역대정부는 철도융자에는 관심이 많았지만, 산업체인을 제대로 확장하지는 못했다. 철도가 군사화 관리의 대상이었고, 업, 다운스트림 기업은 진입장벽이나 가격의 독점으로 견제를 당해 부가가치 서비스를 마음대로 제공하지 못한 채 일방적인 의존 형태를 보였다. 동차(動車)사고 이후 철도 관련 상장사

주식 수십 개가 폭락하거나 심지어 거래 중지되었던 것이 그 대표적인 예다.

셋째, 철도융자의 자본시장 육성이다. 서방 금융시장의 역사를 살펴보면, 철도는 자본집약형 산업이므로 금융수단이나 기관 또는 시장의 발전을 이끈다. 중국 철도는 정부신용과 은행융자에 지나치게 의존해 중국 자본시장은 초기 철도융자로 인한 현금 흐름의 안정이나 파생금융상품이 발전할 기회를 잃었다. 또 자본시장이 활기를 띨 무렵 철도 부분이 주식과 채권융자 등의 강제적 정책으로 시장을 구속해 시장에 선택권을 주지 않았다.

제19장

100년 전의
중국 고무버블

역사상 초유의 위기가 발생하자 청 정부의 근본이 흔들렸다.
이때 청 정부의 종말은 이미 예고된 것이었다.

중국 최초의 금융위기- 고무버블

2011년은 신해혁명 100주년 기념의 해로, 전문가들은 글로벌적인 관점에서 신해혁명의 득실을 논했다. 필자는 앞서 1911년에 성선회의 600만 파운드 규모의 4개국 차관이 '보로운동(保路運動: 1911년에 청나라에서 발표한 철도국유령과 열강의 철도권익 강화에 대해 쓰촨성을 중심으로 일어난 반대운동. 신해혁명 발발의 중요한 계기가 되었다)을 촉발했고, 이것이 신해혁명 발발의 직접적인 계기가 되었다고 언급한 바 있다. 이는 금융사 연구를 하는 입장에서 이야기한 것이다. 금융투기 관점에서 바라보는 일부 전문가들의 의견도 의미가 있다.

19세기는 산업혁명의 시대였다. 자동차와 고무타이어가 발명되어 보급됨으로써 글로벌 시장에서 고무의 수요는 폭발적으로 증가했다. 지금처럼 신소재와 신에너지의 응용에 관해 가장 빠르게 반응을 보인 것은 자본시장이었지만, 동시에 과민반응 현상도 나타났다. 당시의 세계 최강국인 영국과 신흥대국인 미국은 1908년부터 해마다 많은 양의 고무를 수입했다. 그러나 하루아침에 고무 생산량을 늘릴 방법이 없어 고무 가격은 상승 일로였다. 런던시장에서 1908년 1파운드에 2실링이었던 고무 가격은 1909년 말이 되자 10실링까지 상승했고, 고무 관련 주식도 폭등했다. 처음에는 주당 10파운드였던 주가가 얼마 안 돼 180파운드까지 상승한 회사도 있었다. 1908년에 2실링에서 1910년 4월에는 12실링까지 상승했지만, 당시 고무 원가는 1.6실링에 불과했다.

그러자 동남아 지역 등 세계 각지에 있는 고무산지에 고무회사가 우후죽순처럼 생겨났고, 아직 시범단계인 주식회사 형식으로 투자자들에게 유혹의 손길을 내밀었다. 상하이는 당시 아시아에서 자본시장이 가장 발달한 지역이었기 때문에 자연스레 고무투자자들의 이목이 집중되었다. 영국 〈타임스〉지의 통계를 보면, 1909년 말에서 1910년 초까지 불과 몇 개월 사이 동남아 지역에는 고무 관련 회사가 122개 설립되었고, 그중 적어도 40개는 상하이에 본사가 있었다. 막 땅을 매입했거나 고무묘목을 사서 심은 회사도 있었고, 다수가 가죽가방을 만드는 회사였다.

상하이에 있는 고무회사들은 앞다투어 신문에 광고를 실어 자금을 모았다. 국제금융 투기열풍으로 상하이의 고무주식은 대환영을 받았다. 당시 '디방(地傍)고무나무 회사'의 주식은 상하이주식거래소에서 개장가가 주당 백은 25냥이었는데, 불과 1개월 만에 50여 냥까지 약 2배 상승했다. 상하이에 큰 재산을 소유한 현지인이나 화교, 외국인들이 큰돈을 벌 기회를 놓칠 리가 없었다. 이들은 앞다투어 고무주식을 매입했다. 일부 공관의 부인과 딸들은 보석이나 다이 아반지를 팔아 주식을 샀다. 그러나 돈이 있어도 연줄이 닿아야 주식을 살 수 있었다.

이런 투기열풍으로 많은 사람이 벼락부자가 되자 투기 열기는 더욱 확대되어 주식의 실제가격이 액면가의 몇 배, 혹은 수십 배로 뛰었다. 상하이 상무총회가 발표한 고무주식 보유현황을 보면, 80퍼센트는 중국인이, 20퍼센트는 상하이에 거주하는 외국인이 구매했다. 상하이에서 만족을 느끼지 못한 많은 중국인은 돈을 갖고 런던으로 가서 투기에 가담했다.

상하이 황푸(黄浦)로 1호의 서상중업공소(西商衆業公所, 이후 '서상소'로 지칭한다)는 외국 자본으로 운영되는 중국 최초의 증권거래소로 1891년에 세워져 50년 넘게 영업했다. 서상소에서는 영국, 미국, 프랑스, 일본의 주식이 거래되었다. 1910년 6월 한 달 동안 서상소에는 30개의 고무 관련 주식이 상장했고, 그중 3분의 1이 영국회사였다. 이번 상장으로 그들은 1,350만 냥을 쓸어갔다. 외국인 딜러회사 외에도 많은 중국기관이나 전장들이 딜러를 고용해 주식거래를 했다. 눈여겨볼 만한 점은 당시 서상소는 주식 분할상장과 할부 등 다양한 금융혁신 아이디어를 선보였다는 것이다.

이렇게 고무회사의 주식이 한 달 사이 10여 배 상승하자 많은 신흥귀족과 재력가들이 돈을 들고 대열에 가담하는 것을 물론 일반 직원이나 심지어는 가난한 대중조차도 모두 고무주식에 투자하며 벼락부자를 꿈꿨다. 투자자들이 주식의 진위 여부를 판단할 겨를도 없이 주가는 계속 치솟아 상하이나 런던에서는 모두 주식을 사재기하느라 정신이 없었다. 당시 화상(華商)들은 상하이에서 약 3,000만 냥을 투자했고, 런던에서 약 1,000만 냥 이상 투자했다. 당시 청 정부의 연간 가처분소득은 1억 냥에 불과했다.

놀랍게도 일반인뿐만 아니라 '8대 전장'(정원, 조강, 겸여, 삼원, 원풍, 회대, 협풍, 진대)도 고무투기 대열에 합류했다. '8대 전장' 배후에는 '전장의 전장'이라 불리는 표호가 버티고 있었다. 당시 상하이에는 표호의 양대 산맥이 있었는데 하나는 닝보 매판상인인 엄의빈(嚴義彬)이 운영하는 원풍윤표호이고, 다른 하나는 허베이 관료상인인 이경초(李經楚)가 운영하는 의선원표호였다.

전장이 고무주식을 투기하는 방법은 두 가지였다. 하나는 투기꾼에게 돈을 빌려주고, 동시에 투기꾼이 이미 구매한 고무주식을 담보로 새로운 융자를 받아 다시 주식을 사는 것이었다. 다른 하나는 전장이 직접 주식투기를 하는 것이었다. 이를테면 당시 정원전장의 주인 진일경(陳逸卿), 조강전장의 주인 대가보(戴嘉寶), 겸여전장의 주인 육달생(陸達生) 세 사람이 총 600만 냥의 장표를 발행했다. 그중 140만 냥에 해당하는 359장은 선물 장표로 외국은행 수중으로 들어갔다. 진일경과 대가보는 또 시티은행, 화비(華比)은행, 이화양행에서 100만 냥의 거액을 빌려 3곳 전장에 분산해 놓고 고무주식 거래를 했다.

1910년, 세계 경제가 급변하자 런던 주식시장의 주식이 폭락하고 멀리 상하이에 있는 고무버블이 순식간에 붕괴되었다. 많은 회사가 연기처럼 사라졌고, 많은 투자자와 기업가의 자산이 증발했으며, 주식시장은 유동성을 잃고 문을 닫았다. 그러나 이보다 더 치명적인 것은 수많은 전장과 표호가 소용돌이에 휘말려 연쇄적으로 도산했다. 3대 전장 중 진일경은 200여만 냥의 손실을 보았고, 대가보와 육달생은 각각 180여만 냥과 120여만 냥의 손해를 보았다. 그밖에도 5개 전장과 2대 표호도 계속해서 그 파급력에 시달렸다. 7월 21일, 정원전장과 겸여전장이 도산했고, 22일에는 조강전장과 삼원전장이, 23일에는 원풍전장이 망했다. 24일에는 회대전장과 협풍전장 그리고 진대전장이 도산했다. 청나라 금융재정을 지탱하던 전장과 표호는 큰 타격을 입었고, 그와 관련된 관료매판자본과 상업자본, 민간자금도 모두 잠식당했다. 금융기관끼리 서로 대출해 준 것이 화를 더욱 키운 결과를 불러왔다. 외국계 은행도 중국 금융기관에 제공하던 콜머니를 중단하고 상환을 요구해 중국 신흥 산업과 대중은 도탄에 빠져 외국자본에 발목을 잡히고 말았다.

그러자 상하이 도대(道臺)를 맡고 있던 채내황(蔡乃煌)과 양강(兩江) 총독 그리고 장쑤 순무(巡撫)가 조정에 상소를 올려 선통황제의 승인을 거쳐 외국계 은행에서 대출을 받아 고무주식으로 인한 위기를 넘길 수 있었다. 8월 4일, 채내황은 HSBC 등 9개 외국계 은행과 '상하이시 대출유지 계약'을 체결하고 350만 냥을 빌렸다. 동시에 그는 상하이 공금 300만 냥을 원풍윤과 의선원 그리고 그 산하의 장호(庄號)에 예금해 시장 안정을 꾀했다. 덕분에 상하이는 안정을 되찾았다. 사실 원풍윤과 의선원은 정원전장이 도산할 때 타격을 입어 원풍윤과 자매전장인 덕원전장도 200만 냥 정도 손실을 입었다. 또한 의선원에 의지하고 있던 원리전장도 막대한 손실을 입었다. 그러나 이 두 전장은 자체 자본력과 채내황의 긴급 원조 덕분에 첫 번째 충격파를 가까스로 견뎌 상하이는 물론 전국의 금융질서를 유지해 갔다.

모두가 상황이 좋은 방향으로 진전되길 희망했지만 9월이 되자 청 정부는 경자 배상금을 상환해야 했다. 관례에 따라 상하이는 190만 냥을 부담해야 했다. 그러나 채내황이 공금으로 시장을 구제해 국고에는 돈이 없었다. 상하이 시황이 아직 회복되지 않아 채내황은 대청은행에 200만 냥을 대신 지불해달라고 요청했다. 이때 채내황과 사이가 좋지 않은 도지부 좌시랑 진방서(陳邦瑞)는 채내황이 시장이 공황상태라는 핑계로 '조정을 위협'한다고 고발했다. 이에 조정은 채내황을 즉각 파직하고 그가 관리하던 자금을 2개월 내에 모두 정리하라고 명령했다. 채내황은 원풍윤과 의선원에게 공금을 달라고 독촉해 한 번에 200여만 냥을 인출했다. 10월 7일, 외국계 은행이 상하이 전장 21곳에서 발행한 장표를 받지 않겠다고 돌연 선포하자 원풍윤은 자금회전이 안 돼 이튿날 청산을 선포했는데, 손실액이 2,000여만 냥에 달했다. 베이징, 광저우에 있는 17개 지점도 모두 도산했다. 원풍윤이 도산하며 상하이에 있던 큰 규모의 전장들도 문을 닫았고, 금융위기는 전국으로 확산되었다. 이것이 고무주식 버블의 두 번째 충격파였다.

원풍윤이 도산하자 도지부는 대청은행에 긴급유동성 자금 100만 냥을 상하이로 보내라고 전령을 보냈다. 12월 11일, 청 정부는 다시

시장구제에 나섰다. 양강총독 장인준(張人駿)이 HSBC, 동방회리, 덕화 3개 은행으로부터 연이율 7퍼센트에 6년 만기로 장쑤 염리(鹽厘)를 담보로 300만 냥을 빌렸다.

의선원의 대주주인 이경초는 이홍장의 조카로, 당시 그는 우전부 좌시랑과 교통은행 총재를 역임하고 있었다. 그는 산업을 담보로 교통은행에서 287만 냥을 대출받아 공금 인출로 인한 공백을 메우며 의선원을 지켰다. 그러나 1911년 초 우전부 상서로 취임한 성선회는 위안스카이가 교통은행에 심어놓은 양사이(梁士詒)파 세력을 제거하기 위해 교통은행 장부를 감사하기 시작했다. 돌아가는 상황을 파악한 이경초가 의선원이 교통은행에서 빌린 돈을 급히 상환하자 상하이 의선원 본점 장부에는 은이 7,000냥밖에 남지 않았다. 3월 20일, 의선원 본점 경리인 정유번(丁維藩)은 자신이 보유한 기업의 주식으로 신임 상하이 도대 유연기(劉燕翼)에게 10만 냥을 대출받으려고 했으나 거절당했다. 다음 날 의선원은 마침내 파산을 선고했고, 부채는 1,400만 냥이었다. 상하이를 유지하던 마지막 보루가 무너지며 상하이 금융산업은 순식간에 붕괴되었다. 그 결과 전국 상공업 대공황이 이어지며 세 번째 고무주식 충격파가 시작되었다.

마침내 장쑤성과 저장성 지역의 금융과 산업은 위태로운 지경이었다. 난징, 전장(鎭江), 양저우, 쑤저우, 항저우, 닝보 등 6대 경제도시의 유명 전장 18개와 표호가 모두 붕괴되었다. 쑤저우를 제외한 상술한 5개 도시의 민족자본으로 운영하던 금융기관은 모두 망했다. 그 여파로 여러 도시의 민족자본 금융기관이 마비 혹은 파산에 이르렀다.

버블의 위기와 기회

전국적으로 확대된 고무버블의 여파로 양무운동이 한창이던 동치중흥 이후 1903년부터 6년 연속 성장하던 경제가 침체기에 들어갔다. 청 정부는 하는 수 없이 국제차관으로 명맥을 유지했다. 이 위기로 청 정부의 근간이 흔들렸고 재정위기는 더욱 악화됐다. 청 정부가 경제적인 압박으로 인해 결국 상인이 운영하던 철도를 회수하기로 결정하자 보로운동이 촉발되었고, 이것이 신해혁명의 도화선이 되었다고 가설을 세워볼 수 있다.

흥미로운 점은 고무버블을 해결하던 만청의 능력자인 상하이 도대 채내황은 후에 국민총통 위안스카이의 수하로 들어갔다. 1915년 위안스카이는 군주제의 자금을 조달하기 위해 채내황을 광둥성, 장시성, 장쑤성의 금연독판(禁煙督辦)으로 임명하고, 영국 상인과 결탁해 국산담배를 금지하고 양담배를 판매해 담배상인에게 상자당 4,500위안을 요구했다. 이를 통해 대략 2,700여만 위안의 이익을 올렸다. 1916년 초, '서남토원 전쟁(서남 지역에서의 위안스카이 토벌 전쟁)'이 발발하자 량치차오와 차이어(蔡鍔) 등은 호국군을 조직하고, 윈난과 광시 지역은 독립을 선포했다. 광둥에 근거지를 둔 윈난

군벌 용제광(龍濟光)도 압력을 받아 독립을 선포했지만, 남모르게 위안스카이의 명령을 따르고 있었다. 위안스카이는 채내황을 광둥으로 특파해 자금조달과 함께 용제광의 동태를 살피게 했다. 후에 역사적으로 유명한 '하이주(海珠) 사변'이 발생하면서 채내황은 막후 원흉으로 지목되었다. 청나라 말기와 중화민국 초기를 경험한 채내황은 시장과 세상을 이해하는 식견과 조종하는 능력이 있어 정권이 교체되는 시기에 몸을 사렸지만, 후에 군벌병란과 정치투쟁에서 목숨을 잃었다. 위안스카이의 동문 장군에게 잡혀 톈즈(天字)부두에서 처형될 때 그의 죄명은 '체내황은 법적으로 명시된 죄는 없으나 국민 모두가 그는 죽어 마땅하다고 여겼다'였다. 실로 당시에는 있을 법한 일이다.

서양의 '남해 버블', '튤립 버블', '폰지게임' 사건이나 현재의 메도프 사건 혹은 중국의 각종 자금조달이나 투기사건은 모두 자본시장의 내생적 현상이지 언론의 보도나 법률적인 판단으로 단순화할 수 있는 현상이 아니다. 옛것을 익히고 새것을 배운다는 온고지신은 끊임없이 성숙해지는 자본시장의 메커니즘이다. 이런 사건이 수차례 발생했고, 사건마다 공통점과 차이점이 있기는 하지만 그렇다고 해서 쉽게 평가를 내려서는 안 된다. 중국의 자본시장은 안팎으로 융자의 압력에 직면한 상황에서 지도자들이 만들어 낸 결과다. 더욱이 중국 각계각층의 투자자와 창업자들은 계속해서 창조의 결과에 참여하고 있다. 안타까운 것은 투자자나 감독관들이 자신의 지혜나 능력을 너무 과신해 과거 역사를 무시하거나 심지어는 완전히 잊어버리고 행동한다는 것이다. 이는 우리 후세인들이 역사의 전철을 반복하는 가장 기본적인 잘못이다.

현대적 의미를 지닌 중국 최초의 금융위기를 살펴보면 새롭게 깨닫게 되는 것이 있다.

첫째, 중국 만청 시기의 시장경제와 자본축적은 대부분 상하이에서 이루어졌으며, 외국의 금융기관과 중국의 전장이나 표호와의 관계는 악의적인 경쟁보다 협력이 주를 이루었다. 특히 전 세계적으로 산업혁명이 확산되고 국제자본시장과 연결되면서 상하이의 금융시장은 당시 아시아에서 가장 영향력 있는 융자중심으로 부상했다. 따라서 전국적으로 발생한 금융위기가 상하이에서 시작된 것은 당연했다. 호설암 붕괴나 산서표호 붕괴 같은 지역적인 위기들은 전국적으로 확산되기에는 파워가 약했다. 일찍이 유명세를 탄 상하이는 당시 아시아의 방직산업과 고무산업의 국제자본 흐름을 주도했다. 그러나 애석하게도 100년이 지난 지금도 국제금융 중심 자리를 놓고 고전하고 있다.

둘째, 자본시장이 발달하면서 신산업과 신상품이 버블을 형성하기는 했지만, 이 또한 매우 정상적인 현상이고 필요한 과정이다. 영국, 프랑스, 미국, 일본, 중국에서 모두 나타난 현상이고, 시장이 형성되는 시기에 시장의 구도를 주도했다. 다른 관점에서 보자면, 남해 버블이 없었다면 현대회사법은 탄생하지 않았을 것이고, 튤립 버블 사건이 없었다면 현대의 거래메커니즘이나 감독관리체계가 수립되지 않았을 것이다. 또 상하이 고무 버블이 없었다면 훗날 현대

금융기관이 전장이나 표호를 재조정하거나 10년 후 근대 상하이 금융시장의 초석을 마련하지 못했을 것이다(다른 글에서 언급함). 따라서 우리는 미국 철도 버블(1910), 중동 석유 버블(1970), 글로벌 인터넷 버블(1990) 및 글로벌 파생상품 버블(2000)이 야기한 경제구조와 의식의 변혁을 체험할 수 있었다.

셋째, 어느 국가든지 산업이나 금융의 발전은 정치환경이나 국제환경을 벗어날 수 없다. 중국은 특히 그러하다. 국제자본 흐름은 중국에 현대경제를 수립하고 발전하는 계기가 되었지만, 동시에 글로벌위기를 몰고와 국민의 부를 앗아갔다. 자본시장이 수립되고 국제시장과 연계되면 안정된 메커니즘을 수립하고 완충지대를 만드는 것이 매우 중요하다. 이것이 인위적인 장애를 만드는 구실이나 연계를 지연하는 이유가 되어서는 안 된다.

제20장

청일전쟁은
중국이 일본에게
융자에서 진 것이다

청일전쟁으로 청 정부는 전쟁배상금 3억 4,000만 냥을 지불해야 했다.
이는 일본 산업자본 총액의 5배에 해당하는 금액이다.
전쟁차관으로 얻은 고수익으로 일본은 군국주의 반열에 올랐고
끝내 스스로를 파멸시켰다.

청일전쟁 당시의 청과 일본의 정세

1894년에 발발한 청일전쟁으로 인한 상처는 아직도 중국인들 마음속에 남아 있다. 학자들은 100여 년 동안 전쟁의 승패에 대해 수많은 논문을 발표했지만, 대체로 당시의 문인이나 지사의 비현실적인 담론을 답습했다. 청 정부의 부패, 비적절한 인사, 낙후된 전함, 열강의 음모 등으로 시작해 마지막에는 제도 경쟁의 핵심을 논하고, 변법이나 개량 내지는 혁명으로 결론지었다. 물론 거시적 서술에서 역사의 논리가 항상 힘이 있는 것은 사실이지만 이런 뭉뚱그린 논의는 많은 세부적인 내용을 압도해 의지는 있으나 어떻게 개선해야 할지 엄두를 내지 못하게 하는 것이 사실이다.

당시 상황에서 전통적인 의미의 종합국력(인구, 자원, 군사력, 정부의 재정 등)은 중국이 일본보다 우위였다. 당시 북양수사(北洋水師)와 일본 연합함대인 철갑함의 수량은 6:1의 비율로 중국이 훨씬 앞섰다. 비철갑함대는 8:9로 일본이 약간 우세했지만 거의 비슷했다. 전함의 수준을 봐도 북양수사의 '딩웬(定遠)'호와 '전웬(鎭遠)'호의 장갑 두께는 약 46센티미터였고, '징웬(經遠)'호와 '라이웬(來遠)'호의 장갑 두께도 약 32센티미터였다. 그러나 일본은 위력이 센 '삼경(三景)'호조차도 북양함대 같은 막강한 장갑에 대해서는 방호를 하지 못했다. 뿐만 아니라 북양함대의 딩웬호와 전웬호 등 두 철갑함은 설계 당시 영국과 독일의 철갑함의 장점을 종합해 각각 300밀리미터 직경의 대포 4문을 장착했으며, 당시 아시아에서 가장 위력 있는 보루형 철갑군함으로 불리며 세계적인 수준을 자랑했다. 화포는 대구경과 소구경 모두 북양함대가 우위였다. 200밀리미터 이상 대구경 화포는 북양함대와 연합함대의 비율이 26:11이었고, 소구경 화포는 92:50이었다. 중구경 화포만 141:209로 일본이 약간 우위였다. 평균 선속은 일본함대가 시간당 중국함대보다 1.44노트 빨라 큰 차이는 없었다.

중국과 일본의 전쟁에 대해 청 정부는 물론 영국, 러시아, 독일, 프랑스 등 열강들도 모두 중국의 우위를 점쳤고, 일본군조차도 결사의 각오로 청나라와 맞서 싸운 결과라고 여겼다. 그러나 황해일전에서 이홍장이 수년간 심혈을 기울였던 북양수사가 완전 궤멸되고 타이완을 할양하고 동북 지역이 거의 점령당하게 될 줄 누가 알았겠는가? 류보섬(劉步蟾), 방백겸(方伯謙) 등 영국 유학을 했던 장군들이 한참이나 어린 일본 동문 후배들에게 명을 달리하게 될 줄 누가 알았을까?

19세기 말, 해양과 식민지 자원에 관심이 많았던 열강들은 모두 해군건설을 국가 최대사업으로 정했다. 19세기 중반에 서양 열강과 치욕스러운 불평등조약을 체결한 중국과 일본은 이에 분개하며 군사력 강화에 더욱 집중했다.

청일전쟁 이전에 자희(慈禧)태후의 환갑잔치가 있었다. 광서 18년 12월(1892년 1월) 조정에서는 왕세탁(王世鐸)과 경군왕 혁광(奕劻)을 파견해 만세경전을 준비하게 했다. 얼마 후 또 경전처(慶典處)를 신설하고 경전사무만을 처리하도록 했다. 건륭 연간 황태후 탄신일 축하연을 모방해 자금성(紫禁城) 서화문(西華門)에서 이화원(頤和園) 동궁문(東宮門)까지의 필로(蹕路: 임금이 다니는 길)에 60곳의 경관을 만들어 각종 다양한 형식의 용붕(龍棚: 임금을 알현할 때 신하나 백성이 대기하는 천막), 경단(经坛), 희대(戲臺), 패루(牌樓), 정좌(亭座) 등을 세웠다. 장난, 항저우, 쑤저우 세 곳의 직조아문에서 경전에 사용할 나염비단 10만 필을 특별 제작했다.

광서 20년 6월(1894년 7월), 청일전쟁이 발발하자 이화원 공사와 경관 작업을 중단하고 군비에 이용하자는 건의가 있었다. 자희태후는 분노하면서 다음과 같이 말했다. "지금 나를 불쾌하게 만드는 자는 내가 평생토록 그를 불쾌하게 만들겠다." 후에 청나라 군대가 조선에서의 전쟁에서 계속 수세에 밀리고 북양해군이 황해전투에서 패하자 자희태후는 전쟁을 피하고 평화를 구하자는 이홍장의 건의를 받아들여 직접 외국과 조정협상에 나서겠다고 했다. 긴장감이 점차 고조되자 자희태후는 마지못해 이렇게 선포했다. "모든 탄신일 축하 행사는 궁중에서 거행하며 이화원에서의 행사는 즉각 중단하라." 다롄이 함락되고 뤼순이 위태로워지자 자희태후는 영수궁에서 60세 생일을 보냈다. 광서 20년 10월 24일(1894년 11월 21일) 뤼순은 방어에 실패했다.

광서 21년 정월 13일(1895년 2월 7일), 류궁다오(劉公島)가 함락되고 북양해군은 전멸했다. 청나라 조정은 평화협상을 위해 사신 장음환(張蔭桓)과 소우렴(邵友濂)을 일본으로 보냈으나 거절당했다. 일본은 대신 과거에 대사를 지낸 경험이 있고 최고 명망 있는 인물을 협상의 전권대표로 요구했다. 자희태후는 이홍장을 전권대표로 하는 평화협상단을 파견하기로 결정했지만, 이홍장은 이미 삼안화령(三眼花翎)과 황마괘(黃馬褂)를 박탈당하고 해직을 유보한 상태였다. 정월 18일(2월 12일) 자희태후는 군기대신에게 이렇게 명령했다. "그대가 가서 모든 것을 원상복귀시키고 즉시 수도로 와서 명을 받들라 하라." 혁흔이 말하길 "일전에 수도로 오지 못하게 명을 내렸는데, 이렇게 다시 명을 내리니 지난번과 뜻이 다릅니다." 자희태후가 말하길 "내가 만나 이야기할 터이니 명령만 내리면 된다. 내가 이야기해 보겠다." 다음 날 조서를 발표하자 이홍장은 영정(翎頂)을 달고 해직을 유보하고 황마괘도 되찾아 일등 전권대신의 신분으로 일본으로 갔다. 3월 23일(4월 17일)에 이홍장과 일본대표는 '시모노세키조약'을 체결했다.

여기서 언급하고 싶은 것은 정여창(丁汝昌)이 전쟁 전에 주요 함대에 속사포 배치를 위해 60만 냥이 필요하다고 했을 때 이홍장은 돈이 없다고 했다. 그러나 북양함대가 황해해전에서 패하자 그는 해군을 위해 마련해 둔 자금상황을 상주했다. "HSBC에 은 107만 2,900냥, 덕화은행에 44만 냥, 이화양행에 55만 9,600냥, 개평광무국에 52만 7,500냥 해서 총 260만 냥이 있습니다." 당시 중국 경제는 일본보다 규모가 몇 배나 컸지만, 중간에서의 착취가 심해 실제 해군에 투자하는 비용은 일본보다 적었다. 1880년대에는 중국의 북양수사가 아시아 최대의 함대이고 가장 선진화된 배와 잘 훈련된 병사들을 보유하고 있었지만, 그 후 10년 동안 아무런 투자도 없었고 심지어는 기본적인 운영비용조차 조달이 어려웠다. 중불전쟁이 끝난 1885년 자희태후는 의지(懿旨: 황태후나 황후의 명령)를 내려 황가의 정원을 보수하라고 지시했다. 청일전쟁이 발발하기 이전 10년 동안 총 600만 냥의 백은이 동원되었고, 그중 해군아문의 비용에서 436만 5,000냥을 끌어다 썼다.

막강한 적군 앞에서 대청해군은 선진화된 포함을 계속 구매할 수가 없었다. 심지어 이미 영국 암스트롱회사로부터 구매한 순양함 두 척도 돈이 모자라 일본이 구매해 이름을 '요시노(吉野)'호와 '나니와(浪速)'호로 개명했다. 이 두 척의 함대는 1893년과 1885년에 사용되었다. 청일전쟁 중 풍도(豊島)해전과 황해해전, 위해위(威海衛)해전에 참가해 북양수사에 큰 타격을 입혔다. 1900년에는 또 8개국 연합군의 대중국 전쟁에 참여해 발해를 순찰했고, 1904년에는 제1함대에 편입되어 러일전쟁 당시 여순전투에 참가했다.

일본을 살펴보자. 당시 일본은 메이지 유신(1867) 시기였는데, 각지의 제후들을 통합하는 데 많은 비용이 들어 군비 지출에 많은 투자를 할 수 없었다. 통계에 따르면, 일본 정부는 1868년부터 1894년 3월 26일까지 해군에 9억 엔을 지급했다. 이를 백은으로 환산하면 6,000만 냥으로 매년 230만 냥을 지급했는데, 이는 당시 청 정부의 해군투자의 60퍼센트에 해당한다. 1890년 이후 일본은 국가재정수입의 60퍼센트를 해군과 육군에 투자했다. 1893년부터 메이지천황은 해마다 궁정 경비에서 30만 위안을 떼고 문무백관 봉급의 10분의 1을 떼어 선박 건조에 보탰다. 중국을 이기겠다는 강한 집념으로 나라 전체가 국운을 걸고 전쟁을 준비한 것이다. 특히 일본은 서양을 배우는 과정에서 경제와 금융의 중요성을 깨달았다. 일본은 메이지 유신 이후 국내 남서전쟁(1877)에서 공채를 발행해 전쟁차관에 성공한 경험이 있었다. 청일전쟁 당시 일본 정부의 재정 예산 규모는 8,000만 엔에 달했다. 일본 학자의 저술을 보면, 청일전쟁 차관으로 일본은 1억 1,600만 엔 상당의 정부공채를 발행했는데, 그중 민간 공모는 9,000여 만 엔, 국고 준비금은 2,500여만 엔이었다. 이와 달리 청 정부는 1894년에 처음 공채를 발행했고 금액도 얼마 되지 않았다.

청일전쟁 이후 일본 대장대신은 중국에 10억 냥의 손해배상 청구를 주장했다. 그러나 서방 열강의 간섭을 염려한 일본은 자신들이 얻을 수 있는 최대한의 이익을 확보하기 위해 일본내각회의에서 통과된 중국 배상군비조항에 따라 중국에 고평은(庫平銀: 청의 은본위 화폐) 3억 냥만 요구했다. 이홍장의 주선과 서방열강의 무언의 압력으로 결국 3억 냥에서 3분의 1을 줄였다. '시모노세키조약' 제4조에는 중국은 일본에 여덟 차례에 나누어 군비 배상금 2억 냥을 지급하고, 1차 배상금이 지불된 후의 잔액에 대해서는 연 5퍼센트의 이자를 적용한다고 규정되어 있다. 러시아, 독일, 프랑스가 일본에게 중국 랴오둥 반도 점령을 포기하라고 무력으로 위협하자 일본은 또 청 정부에 3,000만 냥의 보상금을 요구했다. 동시에 배상금을 완납하기 전까지 일본의 웨이하이웨이 주둔비용을 매년 50만 냥씩 지불할 것을 요구했다.

금융에서 채권의 역할

치치장(戚其章) 선생은 《청일전쟁 배상금에 관한 고찰》에서 고평은과 관련해 이렇게 고증했다. "고평은 청 정부가 국고의 수지를 계산하기 위해 정한 기준인데, 일본은 고평은의 함량이 일정하지 않다는 이유로 고평은의 완전가치를 주장하며 런던의 은행에서 파운드로 배상금을 지급하라고 했다." 당시 금값은 상승하고 은값은 떨어지는 추세여서 파운드의 태환비율이 약간의 등락은 있었지만 상승세를 저지하기는 어려워 파운드로 지불하면 더 손해였다. '파운드 지불로 인한 손해' 덕분에 일본은 1,494만 냥을 더 가져갔고, '고평은의 완전가치'를 요구함으로써 1,325만 냥을 더 가져갔다. 게다가 배상금 외에도 약탈해간 함선, 무기, 탄약, 기기 등과 금은화폐를 합하면 대략 8,000만 냥에 이른다. 종합해 보면, 일본은 청일전쟁으로 5억 1,000만 엔에 해당하는 고평은 3억 4,000만 냥을 가져갔는데, 이는 당시 일본 산업자본 총액의 5배가 넘는 금액이다.

중국에서 쓸어간 거금으로 일본은 공업과 군사 그리고 국민교육사업을 육성했다. 제2차 세계대전 이전에 일본에서 가장 유명한 철강생산기지인 야하타(八幡)제철소가 1897년 개소 때 사용한 1,920만 엔은 청일전쟁 배상금이다. 1901년에 가동을 시작한 이 제철소는 첫해 생산량이 일본 철 생산량의 53퍼센트, 강생산량의 83퍼센트를 차지했다. 장위옌(張宇燕) 등 경제학자들이 인용한 자료를 보면 시모노세키조약 체결부터 1903년까지 8년 동안 일본 회사는 2,844개에서 8,895개로 늘었고, 투자액도 2억 4,500만 엔에서 9억 3,100만 엔까지 늘었다. 10인 이상을 고용한 공장도 3,740개에서 8,274개로 늘었고, 가동한 방직기의 방추수도 1일 평균 38만 2,000개에서 129만 개로 늘었다. 운영 중인 철로 길이도 2,039마일에서 4,495마일로 늘었다. 일본 농상무성이 발표한 통계수치를 보면, 1891년 농업인구는 전체 인구에서 70퍼센트를 차지했으나 1903년에는 64퍼센트로 줄었다.

한 가지 언급하고 싶은 것은 전쟁이 발발하기 이전 중일 양국은 모두 은본위를 채택하고 있었고, 구미국가들은 금본위를 실시하고 있었다. 방직 관련 산업설비나 원료, 군수품, 군수품 생산설비를 모두 금본위 국가에서 들여왔기 때문에 은본위제도는 일본의 산업을 발전시키기에 제약이 따랐다. 1871년 메이지 정부가 발표한 '신화폐조례'로 금본위제를 결정했지만, 자금 부족으로 시행되지 못하고 있었다. 그런데 영국을 통해 지불하는 중국의 배상금은 일본 화폐개혁에 자금줄이 되었다. 1897년 10월 금본위 화폐제도를 수립한 일본은 빠른 속도로 세계경제에 편입했고, 세계시장에서 열강들과 경쟁하게 되었다.

청 정부는 자금 부족으로 가렴주구를 일삼고 여러 지역의 자금을 유용해가며 사용한 결과 심혈을 기울여 선정한 전함 두 척마저 일본에게 팔아넘겨 '요시노'호와 '나니와'호는 주력 무기가 되었다. 일본은 공채를 발행하고 국가 신용과 미래에 대한 보장을 내걸고 민간자금과 미래의 소득을 끌어다 당장의 소비능력으로 바꾸어 해군을 재무장해 중국과의 전쟁에서 압승했고, 그 후 국민과 승리의 결실을 나누었다. 사실상 일본은 청일전쟁 배상금으로 경제부흥의 재정적 기초를 마련하고 금본위제를 실현한 것이다.

중국은 패전 후 전리품 1억 냥과 배상금 2억 3,000만 냥 외에도 타이완을 일본에게 할양했다. 열강은 일본과 중국이 체결한 전쟁배상금을 파운드로 지불할 것을 요구했다. 국고가 텅 빈 청 정부는 거액의 배상금을 지불하기 위해 영국, 독일, 프랑스, 러시아 등 국가들과 차관계약을 체결하고 중국의 여러 주권을 양도했다. 앞에서도 언급했듯이 청 정부가 어쩔 수 없이 빌려 쓴 해외차관은 재정적, 정치적 파산을 초래했다.

청일전쟁으로 인한 거액의 수익을 감안해볼 때 전쟁차관의 수익은 이보다 더 컸다. 일본은 중국의 배상금을 군비에 더 지출했다. 1896~1905년 사이 세 번에 나누어 해군을 확장하는 데 3억여 엔을 투자했다. 일본이 청일전쟁 기간에 군비지출에 투자한 금액은 정부지출의 3.74배에 달했다. 러일전쟁 기간에 투자한 군비지출은

4.15배였다. 제2차 세계대전 당시 중국과 태평양 국가를 침략했을 때에는 무려 9.16배에 달했다. 전쟁차관의 주요 금융수단은 여전히 정부공채였다. 그러나 전쟁차관으로 일본은 군국주의의 길을 걸었고, 끝내 일본을 파멸의 길로 이끌었다.

당시의 세계 발전구도를 보면, 중일 양국은 모두 변법을 통해 개혁을 추진하며 현대화를 적극적이고 진취적으로 모색 중이었다. 중국에서는 '중국의 학문을 본체로 하고, 서양의 학문을 응용한다'는 양무운동이 일었고, 일본은 메이지 유신을 통해 서양의 제도와 문화를 받아들이고 '아시아를 벗어나 서구로의 진출'을 시도하는 중이었다. 양국에는 모두 유능한 신하와 용맹스런 장군이 있었으므로 청일전쟁으로 인해 순식간에 낭떠러지로 떨어져 서로 다른 길을 가게 될 줄 아무도 알지 못했다. 청일전쟁과 관련된 문헌은 많지만 이를 금융의 관점에서 분석한 저작은 찾아볼 수 없다. 이유는 중국의 금융시스템이 독립적인 존재가 아니라 시종일관 정부재정에 의존하고 있었기 때문이다. 금융의 관점에서 청일전쟁을 분석해 보면 적어도 다음과 같은 시사점을 얻을 수 있다.

첫째, 작은 움직임이 전체를 뒤흔드는 이른바 서양에서 말하는 나비효과다. 작은 금융기법이 제도 전체를 뒤흔들었는데, 정치제도가 결정적인 요인이었다. 청일전쟁이 갑오년에 패하지 않았다면 신해년에 패했을 것이다. 만일 당시에 중국인이 채권융자가 무엇인지 알았고 해군건설을 완수했더라면, 일본해군을 물리치고 그 여세를 몰아 중국의 제도도 다른 방향으로 발전해 세계역사를 다시 쓸 수 있었을지도 모른다. 물론 역사에는 가설이란 없지만 이 점만큼은 가설을 세워볼 필요가 있다.

둘째, 채권은 정부차관의 재정적인 수단으로 오랫동안 인식되어 왔지만, 꼭 그렇다고 말할 수는 없다. 채권은 미래의 소득을 현재의 소비능력으로 전환시키는 수단이다. 예측에 따라 액면가의 가치가 달라지고, 다른 계층이나 지역으로 융자경로를 확산시킬 수 있으며, 활발한 2급 시장 거래를 통해 투자자가 바뀌어 투자가 지속될 수도 있다. 이렇게 해서 안정적이며 자아번식과 성장이 가능한 자본흐름이 형성된다. 그러나 애석하게도 현재 우리의 채권은 단지 재정적인 수단으로써 국가와 지방 정부에 융자를 제공할 뿐이다. 따라서 감독당국이 민간기업에 개방하도록 다 함께 노력해야 한다.

셋째, 전쟁차관은 정부채권이라는 금융수단을 이용해 국민의 정서를 효과적으로 움직였다. 일본은 청일전쟁, 러일전쟁 그리고 그 후의 전쟁차관과 관련된 저서에서 전쟁차관 중의 채권발행, 은행융자, 세수 인상 등에 관한 다양한 융자방법의 장단점을 분석하고, 특히 국민을 상대로 한 융자는 반드시 투명성이 보장되어야 하고 유통이 잘 이루어져야 한다고 강조했다. 공채를 매입하면 애국의 의미를 가미시키고, 자금흐름을 공시해 민의를 존중하고 신용구축의 메시지를 전달한 점은 특히 중요하다. 만일 수조에 달하는 경기부양자금이나 수천억에 달하는 재난구호 자금, 수백억에 달하는 전염병 방제 혹은 스포츠 행사 개최에 공채를 발행했다면 중국의 금융제도나 정부신용, 사회의 공중도덕 수준을 상당히 제고할 수 있었을 것이다.

제21장

채권 한 장이 신해혁명을 유발하다

1911년 10월 25일에 발행된 철도채권 한 장이
청 왕조의 파멸을 소리 없이 지켜봤다.

철도의 국유화가 불러온 파장

 2011년, 신해혁명 100주년 당시 해협양안에서는 아시아 제일의 민주공화국 탄생을 기념하는 다양한 행사가 열렸다. 신해혁명의 정치적 원인, 군사적 요인, 제도 변화 및 문화 변천 등에 관한 다양한 연구와 글이 발표됐다. 하지만 신해혁명 배후의 상업적인 요인이나 특히 금융 요인에 대해서는 별 내용이 없었다. 따라서 본 장에서는 이 관점에서 논해 보고자 한다.

 중국 금융박물관에는 1911년 5월 20일 발행된 채권 한 장이 잘 보존되어 있다. 시가 20파운드의 연이율 5퍼센트에 95퍼센트를 실제 지불하고 만기는 40년인 채권이다. 역사의 비밀을 알고 있는 이 채권은 금융과 신해혁명의 직접적인 연관성을 우리에게 말해 준다. 이 채권이 2000여 년의 봉건제를 종식시킨 신해혁명 발발에 직접적인 계기가 되었다고 해도 과언이 아니다.

 채권에는 성선회의 서명이 있는데, 그는 이 차관 사건의 핵심인물이다. 성선회는 장쑤 우진현(武進縣) 롱시(龍溪)에서 환관의 아들로 태어났다. 16세 때 태평군이 창저우(常州)를 점령해 시국이 불안하자 어머니를 따라 옌청(鹽城)으로 갔다. 23세에 향시에서 떨어져 낙심하고 있을 때 다행히 호광총독 이홍장의 눈에 들어 이때부터 이홍장을 따라다니며 관직생활을 시작했다. 그는 톈진 하간병비도(河間兵備道), 초상국독판(招商局督辦), 직례진해관도(直隸津海關道) 겸 직례진해관감독, 철로공사독판 등의 다양한 요직을 거쳤다. '중국 상업의 아버지'라고 불리는 성선회는 독특한 소통능력과 경영수완으로 중국 근대 민족산업과 양무운동의 개척자이자 창시자가 되었다.

19세기 말, 세계의 많은 나라는 철도 건설을 산업문명 태동과 경제 건설을 위한 국가정책으로 삼았다. 1889년 청 정부가 신정(新政)을 실시하던 시기 조정과 재야에서는 국가 발전에 있어 철도의 중요성을 깨닫기 시작했다. 이에 청 정부는 차관으로 철도를 건설하기로 결정했다. 이 역시 양무운동의 중요한 내용 중의 하나다. 청 정부의 허가로 설립된 중국철로총공사는 벨기에, 영국, 미국, 러시아 등으로부터 차관을 들여와 철도를 건설했다. 청 정부는 이에 대한 보답으로 철도 건설권과 관리권, 수익권을 마지못해 개방했고 열강이 중국의 교통중추를 장악해 중국의 국가 권익은 큰 손해를 봤다. 자금 조달을 위해 청 정부는 또 신정을 발표해 공모를 통한 민간의 철도 건설 참여를 허락했다. 민간의 지대한 관심 속에 성마다 철도회사가 앞다투어 생겨나는 등 한마디로 민간철도 건설 붐이 일었다. 그러나 민간이 철도를 건설하기에는 자금 부족, 관리 부실, 비리, 적자 등 넘어야 할 산이 많았다.

성선회는 철도 건설을 적극적으로 주장한 청나라 관리 중의 한

명이다. 어느 학자의 통계를 보면, 청나라 때 총 910만 미터의 철도를 건설했는데, 그중 396만 2,000미터는 외국인이 건설해서 경영했다고 한다. 중국이 자체 건설한 철도는 510만 미터이고, 그중 정부출자는 446만 5,000미터이고 민간출자는 65만 7,000미터였다. 그중 성선회 한 사람이 정부출자분의 거의 절반에 해당하는 225만 4,000미터를 감독했다.

성선회는 철도는 국가의 지주산업이고, 국가재정에 매우 중요하므로 반드시 정부가 자금을 조달해 건설해야 한다고 주장했다. 그러나 재정상황이 어려웠던 청 정부는 계속해서 해외차관을 빌려야 했다. 철도는 세관과 항구 외에 유일하게 외국이 담보로 받아들이는 것이었다. 장지동 생전에 시작했던 열강과의 차관 계약서를 기반으로 당시 우전부대신이었던 성선회는 천한(川漢)철도와 월한(粵漢)철도의 주식을 정부운영 주식으로 바꾸고 원치 않는 사람에게는 출자금을 반환해 주거나 60퍼센트를 돌려주고, 나머지 40퍼센트는 무이자 주식을 발행하자고 제의했다. 사천성철도 주식의 실제 금액을 국가에게는 원금 보존형 주식으로 주고, 나머지 금액은 증자하거나 사업에 투자해 주주가 회수하지 못하도록 했다. 이는 사실 정부가 정한 가격으로 민영철도를 국유화한 것이다.

동시에 성선회는 베이징에서 영국, 프랑스, 미국과 4개국 은행단을 조직해 '호북, 호남 경내 월한철도, 호북 경내 천한철도 차관 계약'(호광철도 채권이라고도 부른다)을 체결했다. 내용은 차관금액은 600만 파운드였고, 4개국이 골고루 분담하며, 이자는 연 5퍼센트에

95퍼센트를 실제 지불하고 만기는 40년이었다. 또 양호(兩湖)의 이금(厘金: 청나라 때 상품의 지방 통과세)과 염리세를 담보로 하고 영국, 독일, 미국 엔지니어를 한 명씩 초청해 월한철도와 천한철도를 건설하는 것이었다. 이때부터 원래 민간철도였던 이 두 철도는 국유화되었고, 철도수익권은 외국인에게 저당잡혔다.

1903년 9월, 청 정부는 '신정'을 추진하기 위해 초상국이 상고(商股: 상인이 투자한 주식)를 모집해 철도, 탄광 업무, 공예, 농업 업무 관련 회사를 설립할 수 있도록 허가했다. 이후 성마다 철도공사가 생겨났고, 상인이 운영하는 철도 건설이 시작됐다. 1903년에 새로 부임한 사천총독인 석양(錫良)이 스촨 주민의 강력한 요구를 받아들여 천한철도를 자체 운영하겠다고 청을 올려 이듬해 '천한철도공사'가 생겨났다. 성마다 철도공사가 생겨나자 철도권을 둘러싸고 투쟁이 시작되었다. 후난, 후베이, 광둥 3성의 신상(紳商: 선비와 상인/선비출신 상인)들이 월한철도 주권 회수를 요구하는 투쟁을 시작으로 철도권 회수 투쟁이 전국적으로 확대되었다.

신해혁명 전날, 청 정부의 경솔하고도 막무가내 행동으로 대중의 인내심은 한계에 달했다. 각 성마다 보로동지회를 만들어 집회나 유세를 시작했다. 많을 때에는 20여만 명이 참가했다. 그들은 철도의 국유화를 반대하며 청 정부에 철도권을 팔아먹은 것에 대해 항의했다. 이는 후에 대규모 보위로권운동(保衛路權運動)으로 발전했다. 천로공사는 일찍이 주식투기로 300만 냥을 손해보았는데, 지방관리는 혼란을 이용해 손실을 청 정부에게 떠넘기려 했다. 이로 인해 마찰이 격화되면서 쓰촨 성은 보로운동이 가장 격렬한 지역이 되었다.

청 정부가 '철도국유화' 정책을 발표하자 후베이의 각계 인사들이 들고일어나 철도 쟁취에 나섰다. 이창(宜昌)에서 완현(萬顯)까지의 철도는 이미 공사를 시작했는데 청 정부가 이를 중단하자 공사장 인부와 상인들은 바로 집결해 항쟁에 들어갔다. 청 정부가 이에 맞서 군대를 동원해 진압하자 수천 명의 인부가 망치와 몽둥이를 들고 진압에 나선 군대와 격렬하게 싸워 현장에서 청군 20여 명을 때려죽였다. 6월 10일, 광둥에서는 광둥 월한철도 주주들이 만인대회를 열어 청 정부의 '철도국유화' 정책에 항의하고 "한마음 한뜻으로 상인경영을 수호하자"를 외치며 후난, 후베이, 쓰촨 성에 '철도를 국유화하면 천하를 잃는 것이다. 월로는 10일 일제히 반대한다고 결의했다'는 전보를 보냈다. 후난, 후베이, 광둥의 보로 열기는 순식간에 한데 어우러져 엄청난 기세로 성장했다. 전국 방방곡곡과 해외 교포, 유학생도 집회를 열거나 전화 혹은 편지로 응원했다.

이 두 철도의 자체경영권을 되찾기 위해 광둥, 스촨, 후난, 후베이 4성의 대중은 '민간주식(民股)'을 공모하는 방법을 채택했고, 지방정부는 세수 항목에 조고(租股), 미연고(米捐股), 염연고(鹽捐股), 방연고(房捐股) 등을 추가해 철도 건설 자금을 모았다. 몇 년의 노력으로 네 지역의 신상(紳商)과 지주뿐만 아니라 일부 농민들도 주식을 보유하게 되었다. 월한철도는 공사를 시작했고, 천한철도는 이창에서 완현까지의 공사가 착수되었다.

당시의 상황을 보면, 이 두 철도는 자력으로 건설이 가능했다. 청 정부가 열강과 체결한 차관담보계약으로 인해 영국, 미국, 프랑스, 독일 등이 철도권을 장악했을 뿐만 아니라 후난, 후베이의 염세 이금도 담보로 잡혀 소위 '철도국유화'는 중국인의 철도 경영 주권을 빼앗았을 뿐만 아니라 사실상 천한, 월한철도를 서양 열강에 헐값에 넘긴 것이나 다름없었다. 철도 건설을 위해 흘린 노력과 땀 때문에 대중은 청 정부의 공공연한 철도권 매각 행위에 대해 더욱 분노했고, 많은 신상도 철도 국유화로 입은 손해 때문에 불만이 상당했다. 그리하여 민중을 기반으로 한 보로운동이 폭발했다.

신해혁명을 낳은 보로운동

당시의 여론도 보로운동을 일방적으로 편들었다. 1911년 7월 17일, 〈신보(申報)〉10판의 '쓰촨인의 철도쟁취 열기'라는 기사를 보면 이런 내용이 있다. '쓰촨 보로동지회는 청두 철도이사국에서 개최한 회의에 2,000여 명이 참석했다…… 차관으로 철도를 잃고 철도를 잃어 국가를 잃게 되었다…….' 즉, 철도 국유와 차관 계약으로 인한 손실을 꼬집었다. 1911년 9월 28일, 〈신보〉4판 '천로의 핏방울(8)'이라는 글에는 이런 내용이 있다. '정부가 협의 없이 일단 국유화하자 부자들은 큰 손해를 봐 마음이 언짢다. 정부가 철도주식 700여 만 금을 자기 것이라 하니 가난한 백성은 입고 먹는 것을 줄여도 돌아갈 집이 없으니 원통하고 가슴 아파 철도쟁취를

선언하고 나섰다. 관리가 이를 저지하려 하나 결국 파업과 휴업이 시작되었다…….'

국면을 진정시키기 위해 쓰촨 자의국(咨議局)은 사천총독에게 서한을 보내 천한철도 계약 이행 보류를 정부에 전달해 달라고 요청했다. 얼마 후 천한철도 주주 4,000여 명이 청두에 사천보로동지회를 조직하고 '계약을 파기하고 철도 사수'의 구호를 외치며 각지로 사람을 보내 강연을 하고 다른 단체와 연락을 취했다. 아울러 차관 계약서 해지를 위해 대표를 수도로 보냈다. 그러나 청 정부는 여론과 민의에 아랑곳하지 않고 오히려 보로운동의 지도자가 일을 키운다고 비난했다. 청원을 위해 수도로 간 대표를 잡아 다시 쓰촨으로 호송하고, 사천총독 조이풍(趙爾豊)에게 즉시 쓰촨으로 가라고 명령했다. 조이풍은 사천보로동지회 지도자 포전준(浦殿俊), 나륜(羅綸) 등을 체포했다. 약 1만 명에 달하는 보로동지회 회원들이 독서아문(督署衙門)으로 찾아가 석방을 요구하자 조이풍이 발포를 명령해 '청두 혈안(成都血案)' 사건이 일어났다.

이로 인해 보로운동은 무장군중운동으로 발전했다. 동맹회는 이 기회를 틈타 동지군을 조직해 각 현에서 반정부 봉기를 일으켰다. 보로운동은 점점 격렬해졌고, 가장 먼저 후난의 대중이 반기를 들고 일어났다. 1911년 5월 14일, 창사에서 만인 군중집회가 열렸고, 뒤이어 창사에서 주저우까지 철도 노동자 1만여 명이 시위를 벌였다. 그들은 상인과 학생들에게 파업과 휴업을 호소하며 세금납부를 거부해 항의하자고 했다. 후난 지역에서 시작된 보로운동은 후베이,

광둥, 쓰촨 지역으로 빠르게 확산되면서 순식간에 막강한 무장봉기 세력으로 발전했다.

8월 4일, 사천동맹회 회원인 용명검(龍鳴劍)과 왕천걸(王天杰) 등은 혁명의 시기가 무르익었다고 판단하고, 원로 지도자인 진재갱(秦載賡), 나재주(羅梓舟), 호중의(胡重義), 손택패(孫澤沛), 장달삼(張達三) 등을 즈저우(資州)[30] 뤄촨징(羅泉井)으로 초청해 비밀회의를 열어 무장봉기를 결정했다. 그들은 '보로동지회'를 '보로동지군'으로 개명하고, 신진(新津)과 화인(華陰)에 본부를 세우고 진재갱과 장달삼이 쓰촨 동남과 서북의 봉기를 책임지기로 했다. 이렇게 해서 쓰촨의 보로운동은 량후 지역과 광둥 지역보다 훨씬 격렬했고, 군중의 지지기반도 훨씬 탄탄했다. 동맹회 회원의 홍보와 조직력으로 보로운동은 반청 무장투쟁으로 변하면서 정세가 매우 위태로워졌다.

쓰촨의 각 주현 중에서 롱현(榮縣)의 군중기반이 탄탄해 동맹회 회원 왕천걸(王天杰)은 이곳에서 연락과 조직 업무를 하며 민단 1,000여 명을 조직했다. 9월 25일, 동맹회 회원 오옥장(吳玉章)과 왕천걸 등은 롱현의 독립을 선포했다. 이는 신해혁명 당시 혁명당원이 최초로 수립한 혁명정권으로 청두 동남 지역의 반청무장투쟁의 중심이 되었다. 동맹회 회원 용명검 등은 무장봉기를 일으켜 동맹회 회원 오옥장, 왕천걸을 수반으로 하는 롱현 군정부를 수립했다. 조이풍이 이를 조정에 알리자 조정에서는 진압을 위해 후베이 신군을 쓰촨으로 보내 우한 지역은 병력 부재

상태에 빠졌다. 오랫동안 계획했던 혁명당원들은 이 틈에 봉기를 일으켜 신해혁명이 시작됐고 대성공을 거두었다.

안타깝게도 1911년 10월 25일, 성선회가 우전부대신 자리에서 파직된 후 청 정부는 '다시는 임용하지 않겠다'는 뜻을 밝혔다. 파면된 지 이틀 뒤 권력의 정점에서 내려온 성선회는 베이징을 떠나 1911년의 마지막 날, 중국 다롄항을 출발해 배를 타고 일본으로 건너갔다. 67세의 청나라 원로대신이 망명길에 오른 것이다. 그리고 5년 후 그는 상하이에서 생을 마감했다. 이 또한 청나라 관상 배경을 가진 세계적 안목을 갖춘 인물의 집단적 운명이었다.

보로운동은 도화선에 불과했다. 국제적 압력과 내부적으로 변혁을 갈망하는 에너지가 점점 거세지면서 청왕조의 멸망은 시간문제였다. 격동의 시기인 만큼 추진력이 필요했다. 600만 파운드의 4개국 차관이 민영철도의 국유화를 초래한 장본인이라면, 보로운동은 신해혁명의 산파였다. 금융의 힘은 마침내 불거져 나와 구제도가 새로운 제도로 교체되는 가장 중요한 요인이 되었다.

이런 가설도 가능할 것이다. 당시 중국의 금융제도와 시장이 본토의 자본을 모아 자국의 철도에 투자할 수 있는 기제가 갖추어졌더라면, 신해혁명은 아마도 다른 모습으로 전개되고 역사의 결과도 달라졌을 것이다. 물론 이는 역사적 논리배경이 전혀 없는 가설에 불과하다. 그러나 관점을 달리해 보면 유럽 산업문명이 300년에 걸쳐 봉건제도를 완전히 해체하고 시장규칙을 수립할 수 있었던 것은 이탈리아 피렌체의 메디치 가문과 각국의 유명한 은행가들의 기여한 바가 크다. 그들은 16세기 초부터 정부의 간섭 없이 화폐 태환이나 전당, 고리대금 사업을 추진해 지금과 같은 주류 금융체계를 만들었다. 반면, 당시 상당한 수준까지 발전했던 전장이나 표호의 중개 업무는 정부의 억압으로 제각각 흩어져 겨우 명맥을 유지했다. 과거 메디치 가문보다 600년이나 먼저 지폐(송대의 교자)를 창안해 낸 중국 금융의 선구자들을 생각하면 더더욱 안타까울 뿐이다.

오랜 세월 동안 신해혁명을 연구했지만 우리는 이면에 있는 금융적인 요소를 간과했다. 만일 지금 우리가 중국의 제도 변화나 사회 변천을 연구할 때 금융을 무가치하거나 악마 같은 존재로 치부한다면 우리의 미래는 어떻게 될까?

사실 4개국 차관은 실행 과정도 매우 복잡했다. 호광철도 채권 이자는 1938년에 지불 정지됐고, 일부 원금은 1951년 만기까지도 지급되지 않았다. 채권을 소지한 미국인은 1979년에 미국 지방법원에 소송을 제기해 중화인민공화국이 원금과 이자를 지불해야 한다고 요구했다. 법원은 1심에서 중국 패소 판결을 내렸다. 중국은 국제법 관련 규정에 따라 주권 사면권을 이유로 판결 결과를 거부했다. 1983년에 중국 지도자 덩샤오핑은 미국 국무총리 슐츠를 만난 자리에서 이 문제에 관한 중국 정부의 입장을 밝혔다. 1984년, 미국 지방법원은 이 사건을 재심의해 국가행위를 소추하지 않는다는 미국 관련 법률을 근거로 재판을 취하했다. 1987년 원고가 다시 상소했지만, 비준받지 못하고 결국 종료되었다.

제22장

차오쿤의
뇌물선거와
금권정치

세계에서 일부 국가는 정치헌금이나 뇌물선거 같은 스캔들이
끊임없이 일어나는데, 이들 국가에서 돈과 권력의 야합은
피하기 어렵다. 역사를 돌이켜보면
우리의 시야를 좀 더 넓혀야 하는 것은 아닐까?

차오쿤의 뇌물선거

중화민국의 제6대 총통 차오쿤(曹錕)은 재임 후 1년도 안 돼 베이징에서 중화민국 최초 헌법을 반포했다(1923년 10월 10일). 오늘날의 법학자들은 이 헌법이 사법 독립, 다당제의 견제, 언론 자유 등을 포괄하고 있으며, 당시 세계적으로 유행하던 연방제 같은 연성 (聯省)자치 방안을 포함한 헌법으로서 아시아 헌법의 선두라고 평가한다. 그러나 이 헌법은 시행되지 못하고, 1년 후 돤치루이 정부가 폐기했다. 새로운 정부가 탄생하면 모두 자신만의 새로운 발전관을 수립하는 것이 관례였을 뿐만 아니라 당시 여론이 뇌물선거로 당선된 총통이 만든 헌법이라고 보도했기에 그가 물러나면 폐기하는 것이 당연하다고 여겨졌다.

텐진의 가난한 조선공의 집안에서 태어난 차오쿤은 사회적 신분이 낮은 탓에 정치와 군인 시절에 업신여김을 많이 당했다. 젊은 시절 그는 바오딩푸(保定府) 거리에서 포목상을 운영했다. 그러던 어느 날, 군인의 길을 걷겠다고 결심해 1885년 장사를 접고 텐진 무비학당(武備學堂)에 들어가 청일전쟁에 참전했다. 전쟁이 끝난 후에는 위안스카이가 설립한 소참연병의 신군에 참가해 위안스카이의 총애를 받았다. 1911년에 신해혁명이 발발하자 청나라 육군 제3진통제(第三鎭统制)를 맡았던 차오쿤은 명령에 따라 군대를 이끌고 산서혁명군을 공격했다. 1912년 1월, 베이징으로 가서 수비를 맡았고, 2월에 육군 제3사사장이 되어 위안스카이의 명령에 따라 베이징병변(北京兵變)을 일으켜 위안스카이가 남하해 임시대총통직을 거절하는 데 구실을 만들어 주었다. 1915년 말에서 1916년 초에 위안스카이가 홍헌제제(洪憲帝制)를 추진할 때 차오쿤이 공개적으로 지지를 표명해 '호위장군'에 봉해졌다. 훗날 호국전쟁에서 차오쿤은 명령을 받고 쓰촨으로 갔지만 1916년 3월 패전했고, 같은 해 9월 직예독군(直隸督軍)에 임명됐다. 1917년 장쉰(張勳)의 복위는 차오쿤의 반대에 부닥쳤다. 그러나 차오쿤은 동시에 펑궈장과 돤치루이를 따라 쑨원이 광저우에서 벌이던 구국회와 호법운동에도 반대했다. 1919년 12월, 펑궈장이 사망하자 차오쿤은 직계군벌의 지도자가 되었다.

차오쿤은 가난한 집안에서 태어났지만 야심이 많은 인물로 북양군벌 내에는 그를 따르는 사람이 많았다. 펑궈장 사망 후 차오쿤은 직계 군벌의 지도자가 되어 쉬스창과 리위안홍(黎元洪) 두 총통을 제거하고 국회를 좌지우지하며 거금으로 의원들의 표를 매수해 총통에 당선되었다.

사실 신해혁명 이후 총통 선거 과정에는 많은 우여곡절이 있었다. 차오쿤이 정권을 잡을 무렵, 장기간의 군벌 혼전과 계파투쟁으로 총통선거는 더운 혼탁해졌다. 1919년 9월 12일, 제1차 선거회가 열렸으나 인원 부족으로 무산되었다. 다음 날 저녁 샤오마첸(小麻錢)골목의 어느 집에서 대선파 의원이 긴급회의를 소집해 대선문제를 논의했다. 당시 결정된 사항은 다음과 같다. (1) 사람을 보내 의원과 개별 소통을 하고, 선거 날짜는 상무위원회가 다시 정한다. (2) 각 성의 독장(督長)에게 각 성 국회의원 중 한두 명을 대표로 추천하고 그들의 출석을 책임진다. (3) 출석을 결정하면 출석비를 준다. (4) 톈진 바오딩 양파가 각각 접촉한 정단은 강온양책을 사용한다. (5) 분파 대표는 비밀리에 남하해 반직파(反直派)의 중견인물에게 금전적 보상 외에도 정치적 지위를 보장해 주겠다는 약속을 제시한다. (6) 만일 상술한 항목이 모두 효과가 없을 경우 최후의 방법인 '대총통선거법'을 수정한다.

톈진파와 바오딩파는 간쓰교(甘石橋) 114호 클럽에 모여 투표의원에게 표 값을 어떻게 지불할 것인지 비밀리에 논의했다. 대다수는 대선회에 출석하는 오전에 지불하고, 표 값을 받은 의원이 오후에 한곳에 모여 함께 차량으로 이동해 국회로 가서 투표하자고 했다.

1923년 10월 5일 선거 당일, 국회의원들이 고의로 늑장을 부린 탓에 원래 오전 10시에 시작되어야 했던 총통선거는 12시가 되어서야 시작됐다. 서명한 참의원은 152명, 중의원은 441명으로 총 593명이었고 실제 출석한 사람은 585명으로 법정 출석인수(583명)를 겨우 맞추었다. 당시 참의원 원장 왕자샹(王家襄)이 사임한 지 얼마 안 돼 중의원 원장 우징롄(吳景濂)이 사회를 맡았고, 검표원 16명을 추대했다. 오후 2시에 시작한 투표는 4시가 되어 끝났다. 끝나고 현장에서 개표해 결과는 총 투표수 590표 중 차오쿤이 480표를 얻었고, 쑨원이 33표, 나머지 탕지야오(唐繼堯) 20표, 천춘시엔(岑春煊) 8표, 돤치루이 7표, 우페이푸(吳佩孚) 5표, 왕자샹과 전즁밍(陳炯明) 루롱팅(陸榮廷) 각 2표, 우징렌, 천산리(陳三立), 장사오정(張紹曾), 장쥐린(張作霖), 전샤링(陳遐齡), 탕사오이(唐紹儀), 왕자오밍(王兆銘), 와스전(王士珍), 구종시우(谷鐘秀), 탄옌카이(譚延闓), 루용샹(盧永祥), 리리에쥔(李烈鈞), 가오시(高錫), 푸나이성(符鼐升), 야오통위(姚桐豫), 후징이(胡景翼), 어우양무(歐陽武) 등이 각 1표씩 얻었다. 그 밖에 기권이 12장, 순메이야오(孫美瑤) 1표, '오천위안(五千元)' 1표, '산리자이(三立齋)' 3표였다. 상술한 인물 중 천산리는 저명인사였고, 순메이야오는 대도였으며, 가오시와 푸나이성은 지방 대표였다. 그중 22명은 모두 전국적으로 유명한 정치인이었다.

이번 선거에서 총 480명의 의원이 차오쿤의 뇌물을 받았다. 원래는 1인당 5,000위안인데, 개인의 지위고하 또는 역할에 따라 많게는 1만 위안, 적게는 2,000위안 정도를 받았다. 모두 10월 1일 수표로 받았다.

뇌물선거와 강압적인 행위가 언론을 통해 대대적으로 보도되자 대중은 분노했다. 당시 남방 군정부 대원수를 맡고 있던 쑨원은 차오쿤과 투표에 참여한 모든 의원을 소탕하겠다고 했다. 5,000위안에 매수된 의원을 '돼지 새끼 의원'이라 불렀고, 차오쿤을 '돼지 새끼 총통(猪仔總統)'이라 불렀다. 이듬해 제2차 쯔펑전쟁(直奉戰爭: 직계 군벌과 봉계군벌의 싸움)이 발발하며 펑위샹(馮玉祥)이 쿠데타를 일으켜 차오쿤을 연금했다. 이로써 차오쿤은 정치무대에서 사라졌다. 이 뇌물선거는 중국 정치사의 에피소드로 민간 문학에서 자주 다루어지고 있다. 차오쿤은 나중에 일본인의 정치 제안을 거절해 그가 지켜온 반일이라는 긍정적 이미지는 흐려졌다. 그는 사망 후 육군 제1장군에 추증되었지만, 오늘날 이를 아는 사람은 많지 않다.

정치와 권력에서 돈의 의미

차오쿤의 뇌물선거는 분명 스캔들이다. 그러나 상업역사와 금융사에서는 단순한 가십으로 처리해서는 안 된다. 북양군벌과 남방 혁명정부가 서로 대치하던 1920년대 초 차오쿤은 제1차 쯔펑전쟁의 승리자로, 정치음모와 무력위협으로 총통 두 명을 내쫓고 베이징과 톈진 등 요충지를 점거했다. 당시 그의 기세는 하늘을 찌를 듯했으니 '권력은 총구에서 나온다'라는 말이 실감난다. 이렇게 고생해서 재산과 여론을 동원해 의원을 매수한 것을 보면 더 원대한 계획이 있었을 것이다. 신해혁명 이후의 글로벌 정세나 위안스카이가 시대의 흐름에 역행하는 등 분명 환경적인 제약이 있었지만, 차오쿤 본인은 시대의 변화에 순응하며 금권민주라는 수단을 채택한 것은 더욱 중요한 원인이다. 군사적인 수단으로 진압을 시도하는 반대파와 비교해 보면 차오쿤이 동생 차오루이(曹銳)와 붕당을 통해 돈으로 의원들의 표를 사들인 것은 역사적인 진보라고 말할 수 있다.

여기서 지적하고 싶은 점은 뇌물을 받고 차오쿤에게 표를 던진 의원은 거의 모두 1913년 중화민국 최초 대선 때 숭자오런(宋敎仁)에게 표를 던져 대승을 거두게 한 의원들이다. 그들은 대부분 각 성의 혁명당원들이거나 입헌파들로 신해혁명을 추진한 사회 엘리트들이다. 불과 10년 만에 정객간의 투쟁, 군벌의 혼전, 이상과 현실의 충돌, 열정이 식고 노련해지면서 사회적 인재와 단체의 유명인사들이 뇌물선거에 가담하게 되었다. 차오쿤에게 뇌물을 받은 사람도 있고, 또 40여 명의 의원은 차오쿤의 경쟁상대로부터 돈을 받았고, 또 일부 의원은 양쪽 모두에게 뇌물을 받기도 했다. 선거의 이면은 '5,000위안'으로 쉽게 정리할 수 없을 정도로 매우 복잡했다. 표를 끌어들이기 위해 참여했던 많은 의원은 차오쿤이 당선되어 최초의 헌법이 시행되고 다당정치를 실현해 군벌 혼전에서 벗어나기를 기대했다. 뇌물선거는 목표를 실현하기 위한 값싼 수단일 뿐이었다.

비록 뇌물선거였지만, 차오쿤은 선진화된 헌법(이 헌법 초안은 이미 10년 넘게 준비한 것이었다)을 지지했고, 백성에게 미래 비전을 제시했으며, 의원(당시의 사회 유명인사와 현인) 500명에게 경쟁상대와 협상을 해 같은 당의 추종자들에게 실질적인 이익을 주겠다는 약속도 했다. 그가 제시한 약속이나 타협은 허무하고 이상적인 구호나 사조가 아니라 적어도 서로 조율이 가능한 구체적인 돈이나 예상할 수 있는 상업적 이익이었다. 당시의 특수한 상황에서 뇌물선거라 해도 절차에 따라야 했고, 차오쿤의 당선도 지울 수 없는 역사의 한 부분이다. 합리성의 여부를 떠나 우리는 이 길을 따라 걸어왔다.

뇌물선거는 단지 방식이 다를 뿐 예나 지금이나 언제나 존재해 왔다. 고대 로마 시기의 귀족정치를 보더라도 공민권이나 영지를 능수능란하게 이용해 표를 끌어들여 집정관을 뽑는 것을 볼 수 있다. 네로 황제도 고성 개조사업을 추진하기 위해 돈으로 귀족의 마음을 샀다. 중국의 역사에도 정부가 돈으로 정치적 목적을 이룬 사례가 많다. 차오쿤은 이기면 그만이라는 논리에 너무 자신한 나머지 미래의 성과로 뇌물선거의 부덕을 메우려 했던 것이다.

관점을 조금 달리해서 보면, 돈은 사실 정치 변혁의 중요한 지렛대다. 쑨원의 혁명 노선도 대규모 민간 자본에 의지했고, 장징장(張靜江)이 첫 번째 공로자다. 저장 후저우의 부유한 염상 집안에서 태어난 장징장은 중국에서 최초로 국제무역을 해서 돈을 번 상인이다. 20세기 초, 장징장은 쑨원과 동맹회 활동을 후원했고, 후에 국민당 주석직을 맡아 국민당 4대 원로 중의 한 명이 되었다. 장징장은 상인의 안목과 자신만의 장점으로 '황금 10년'이라 불리는 1928~1937년 동안 중국대건설 사업을 주도했고 현대 중국 철도, 도로, 전력, 통신, 에너지, 시정부 건설 등의 분야에서 지대한 영향력을 행사했다.

닝보상인 위차칭(虞洽卿)도 오랜 기간 쑨원의 혁명 활동을 지원한 조력자다. 1916년, 쑨원은 자금을 마련하기 위해 교역시장에 혜안이 있던 위차칭과 함께 주식거래소를 만들기로 합의했다. 각고의 노력 끝에 1920년 상하이에 증권거래소를 설립했는데, 이는 중국 최초의 정부 인가 거래소다. 훗날 국민당 정권을 장악한 장징장, 다이

지타오(戴季陶), 장제스, 천과푸(陳果夫) 등이 직접 참여해서 거래하기도 했다. 그중 장제스와 천과푸는 전문거래상 허가증이 있어 처음 2년은 수익을 냈지만, 1922년에 상하이 신탁과 거래소가 파산하면서 손해를 보고 물러났다.

초기 국민당 당원들은 사업에서 부침을 경험했기 때문에 금융과 경제의 중요성을 깨닫고 미국과 영국의 금융전문가를 초빙해 국민정부의 화폐개혁 정책과 금융체제 설계를 맡기고 중국 화폐와 자본시장의 국제사회 접목을 추진했다. 그중에서 1933~1935년에 실시한 '폐양개원'과 '법폐개혁' 등 두 번의 금융개혁은 8년 항전의 재정과 경제운영의 기반이 되었다.

정치개혁이나 사회혁명을 추진하는 데 돈은 없어서는 안 될 중요한 도구다. 이는 예나 지금이나 변함없는 사실이다. 성공한 정치인이나 문화계의 지도자들도 모두 돈의 힘으로 사업을 지탱했다. 차오쿤의 뇌물선거를 지나치게 도덕적인 관점에서 해석하면 너무 편협한 것이 되고, 심지어는 뇌물선거를 이유로 국회 선거나 헌정 실시에 대한 논의를 고의로 회피하는 것으로 보인다. 과연 돤치루이는 집권 후 즉각 국회를 해산하고 의원들을 내쫓고 군인정권을 회복했다. 설사 돤치루이 본인은 담배, 술, 매춘, 도박, 부정부패, 소유를 하지 않는 '육불총통(六不總統)'이라 하며 명성을 떨쳤지만, 도덕적인 고고함이 반드시 정치를 발전시키는 것은 아니다.

정치적 뇌물 선거는 아직도 사라지지 않았다. 사실 공공연한 뇌물 선거보다는 정치헌금이나 기부의 형태로 각국의 제도 속에 살아 있다. 정치헌금은 공개되고, 정치적 목적에만 사용하며 바로 결과가 나타나므로 뇌물선거와는 구분된다. 그러나 현실적으로 이런 차이를 구분하기란 매우 모호하기에 선거법에서 가장 난이도가 높은 부분이기도 하다. 중국 대만 지역을 포함한 일부 국가에서는 정치적 선거와 관련된 스캔들이 끊이지 않는데, 이는 모두 뇌물선거와 관계가 있다. 미국이나 유럽에서도 정치인들이 뇌물을 받아 사퇴하는 경우가 종종 있다. 따라서 우리는 100년 전 차오쿤의 뇌물선거 사건을 되짚으며 더 관대하게 바라볼 필요가 있다.

　돈과 권력은 마치 한 몸처럼 돈의 지원이 없는 권력은 오래 지속되기 어렵고, 권력이 없는 돈 또한 하루를 장담할 수 없다. 예나 지금이나 돈과 권력은 서로를 지향하며 갖은 수단을 동원해 결탁한다. 중요한 것은 양자의 결합 여부가 아니라 돈과 권력을 분산하고, 안정된 제도를 만들고, 이를 공개하는 것이다. 모든 창업자와 기업가, 소비자들이 부와 자본을 소유했을 때, 다양한 관점을 지닌 정치가가 자신의 주장을 선택하거나 따르는 대중을 만났을 때, 다원화된 부의 힘겨루기와 권력의 균형으로 안정적으로 발전하는 사회를 만들 수 있다.

제23장

중화민국 금융의 발전: 폐양개원과 법폐의 수립

중국의 진정한 통일화폐 제도와 조폐권은
'악명 높은' 역사적 인물에 의해 이루어졌다.
바로 위안스카이, 송쯔원(宋子文) 그리고 공샹시(孔祥熙)다.

중국의 진정한 통일화폐제도와 조폐권

중국의 역사를 살펴보면, 진나라의 진시황은 대업을 이루는 과정에서 '여러 지방의 수레 너비를 같게 하고 글은 같은 글자를 쓰게 한다(車同軌, 書同文)'는 등의 의미 있는 몇 가지 조치를 취했다. 특히 후대 경제학자들은 조폐권 통일과 진반량 발행에 대해 찬사를 보낸다. 그러나 2000년 전에는 상업이 그리 발달하지 않았고, 화폐도 도시 주민이나 상류사회에서 지불수단으로 사용했기 때문에 진시황의 이런 조치는 진나라가 천하를 통일했다는 메시지를 전달하는 의미가 더 크다. 그 후 각 왕조는 화폐통일 과정에서 고전을 거듭하며 진정한 의미의 안정된 화폐체계를 구축하지는 못했을 뿐만 아니라 조폐권마저도 관가와 민간이 동시에 소유했다.

중화민국 초기까지 제후들이 중국 각지를 할거하고 있었다. 명, 청 양대에 걸쳐 백은을 위주로 한 화폐제도는 특히 장지동이 주도한 '폐량개은(廢兩改銀)' 등 몇 차례 개혁을 했지만 여전히 여러 종류의 화폐가 동시에 유통되고 있었다. 시장에서 사용하는 은량과 각종 동전은 형태, 함량, 중량, 종류, 규격 등이 모두 달랐다. 청나라의 용양과 멕시코 은화가 혼용되었고, 환어음, 외국 돈, 황금, 은 조각, 보석 심지어는 생아편도 화폐로 유통되었다. 이 때문에 정부는 세수, 상업교역, 대중의 소비 등에 상당한 거래비용을 지불해야 했다. 당시 전장에서 일하는 직원들은 7~8종의 다양한 화폐를 관리하며 환업무와 거래 업무를 즉시 처리할 수 있는 전문적인 기술을 갖춰야 했다.

통일화폐 중에서 특히 조폐권은 군사와 정치적으로 필요했을 뿐만 아니라 중국 시장이 현대 국제사회에 진입하기 위한 필요조건이었다. 다양한 화폐종류와 태환시스템으로 인해 중국의 시장화와 자산의 화폐화 수준은 매우 낮았다. 청일전쟁 배상금의 상당 부분을 차지하는 은량도 파운드로 태환해서 일본의 해외 계좌로 송금했다. 이는 일본이 금본위 화폐제도를 채택하는 데 큰 역할을 했다.

중국의 진정한 통일화폐제도와 조폐권은 '악명 높은' 역사적 인물에 의해 이루어졌다. 바로 위안스카이, 송쯔원(宋子文) 그리고 공샹시(孔祥熙)다. 군사통치를 위해서이든 외부 압력 때문이든 세 인물은 과감하게 중국에 현대 화폐제도를 수립했다. 이런 관점에서 볼 때 그들은 역사에서 기억될 만한 가치가 있다.

일찍이 1901년 위안스카이는 직예 북양대신 시절 전쟁이 끝난 후의 혼란스러운 사회와 불안한 물가를 안정시키고, 전장과 은호의 계속되는 붕괴, 유통화폐 부족, 금융 시스템 붕괴 위기 등을 해결하기 위해 통일화폐를 추진하기 시작했다. 우선 위안스카이는 톈진 지현(知縣) 장도(張濤)에게 사적인 주화제작을 비롯해 금융시장을 어지

럽히는 행위를 근절하라고 명령했다. 또한 화폐 제작을 금지했다. 둘째, 그는 중국 최초의 성급 국가은행인 톈진 관은호(官銀號)를 설립해 저축과 민관 기금 모집, 화폐 발행, 금융시장 규범화, 금융질서 안정 등을 도모했다. 이뿐만 아니라 개인기업에 저리대출을 제공해 북양경제와 초기 자본주의 상업의 발전을 지원했다. 셋째, 위안스카이는 주학희(周學熙)에게 '북양은원국'을 수립하도록 했다. 주학희는 취임 후 기술자와 노동자를 채용해 두 달여 만에 동원(銅元) 150만 개를 만들고 은원 제작도 순조롭게 이루어져 그해 70여 만의 이윤을 얻었다. 덕분에 사회와 경제가 안정되었으며 즈리(直隷)의 재정도 든든해졌다.

위안스카이는 직례총독 겸 북양대신의 지위에 있을 때 조폐와 관련된 위법행위를 소탕하고, 민간에서 불법으로 개조한 화폐가 남용되는 것을 금지했으며, 은호를 세우고, 조폐공장을 만들어 화폐 공급과 유통을 늘려 물가를 안정시키고, 시장질서와 사회질서를 안정시켰다. 1903년 톈진의 유지가 톈진초등공업학당을 차릴 때 톈진 관은호는 2,000냥을 대출해 주었다. 또 톈진 관은호는 톈진의 여러 중소규모 전호에 70만 냥을 대출해 주어 시장 회복을 도왔다. 1904년 톈진상회의 부지배인 영세복(寧世福)이 직염봉인공사(織染縫紉公司)를 설립할 때 톈진 관은호가 1만 5,000냥을 대출해 주었다. 그 밖에도 권업(勸業)철공장에 20만 냥을 대출해 주고, 계신(啓新)양회공사에 50만 냥을 빌려주었다. 이렇게 해서 톈진의 민족공업발전과 경제발전을 이끌었다.

1911년, 중화민국이 성립된 후 위안스카이는 민국의 대총통이 되었다. 재정위기와 국고 부족, 군비 확충 등을 해결하기 위해 대외 차관과 세금 인상을 추진했고, 이외에도 기존의 화폐정책을 기초로 해 대청은행을 중앙은행으로 탈바꿈시키고 화폐제도 개혁을 단행했다. 동시에 '국폐조례'를 발표하고 폐제국(幣制局)을 설립해 조폐권을 독점했다.

'국폐조례'의 순조로운 시행을 위해 위안스카이는 1914년 3월 8일 폐제국을 세우고 당시 유신파 지도자의 한 명인 량치차오를 총재로 임명했다. 량치차오는 일본에 머무를 때 화폐 정리, 금융유통이 위기에 처한 중국을 구하고 강대해지게 하는 데 가장 중요하다는 점을 깨달았다. 그래서 막 사법총장에서 퇴직한 량치차오는 위안스카이 정부에 환상을 품고 폐제국 총재직을 기꺼이 수락하고 화폐제도 개혁을 위해 노력했다. 3월 10일에 취임한 량치차오는 들뜬 모습으로 폐제금융 조례와 방법에 관한 초안을 작성했다. 폐제개혁의 관점에서 보면 량치차오와 슝시링(熊希齡)은 모두 은본위를 과도기적인 제도로 채택해 국내화폐를 정돈하고 통일하자고 주장했다.

1914년 12월, 톈진 조폐공장은 위안스카이의 두상이 새겨진 신은원을 주조했다. 난징, 우창 등에 있는 조폐공장에서도 주조하기 시작하며 '원대두'는 대중의 환영을 받았다. 그러나 '원대두'의 발전은 많은 우여곡절이 따랐다. 위안스카이는 화폐개혁을 위해 4개국 은행으로부터 '화폐제도차관'을 시도했다. 그러나 얼마 후 제1차 세계대전이 발발해 국제적 지원이 중단되었다. 그 후 량치차오가 제아

무리 능력이 있어도 역부족이었다. 결국 량치차오는 사퇴하고 폐제국도 1915년 2월 철폐되었다. 재정부가 폐제국을 인수하고 다시 폐제위원회를 설립해 화폐제도와 관련된 논의를 계속했다.

많은 어려움이 있었지만, 그 과정에서도 신폐 주조에 관한 계획은 중단되지 않았다. 재정부는 우선 '국폐조례'에 따라 톈진 조폐공장과 난징, 우창의 조폐공장에 국폐인 1위안짜리 은화를 주조하라고 명했다. 그러나 신폐와 구폐의 함량 차이 등으로 가격을 통일하는 것이 쉽지 않아 결국 기존에 북양 정부가 주조한 은원을 기준으로 함량 89퍼센트에 오차범위는 0.003퍼센트로 제작하기로 했다. 이는 비록 '국폐조례'의 규정과는 맞지 않았지만, 신폐를 시기와 지역에 따라 나누어 추진할 수 있어 신폐 발행의 성공을 보장하는 중요한 요인 중의 하나가 되었다. 1920년에 이르러 전국적으로 신은원이 3억 8,000여만 위안을 기존에 유통되던 대청의 용양과 멕시코 은화를 대체했다. 각 지역에서 여전히 다양한 금속화폐나 지폐가 발행되기는 했지만, '원대두'는 광범위하게 이용되는 태환화폐이자 지불화폐가 되었다. 이로써 사실상 은본위제도의 현실적 기반이 마련되었다.

시장에서 '원대두'가 주도적 지위를 확보하면서 전국적으로 시장을 통일시키는 역할을 했다. 당시 서방 각국은 금본위제도를 채택했지만, 중국은 독특하게도 은본위 특구를 수립했다. 각국의 백은이 속속 중국으로 유입되어 공급이 늘어나자 백은 가격이 하락했다. 중국의 은원이 평가절하되어 중국 상품 수출에 유리한 환경이 조성되었다. 1908~1920년 사이 중국 경제는 연평균 10퍼센트 이상씩 성장했으며, 창장 삼각주 지역은 초기 산업화를 실현했다. 잊힌 중국의 황금발전 시기는 제1차 세계대전 이후의 수요 증대와 당시 중국 정부가 시장경제 발전을 장려했기 때문에 얻은 결과였다.

최근 들어 위안스카이가 황제 칭호를 했던 배경과 그의 심경에 대한 새로운 해석이 많이 소개되고 있다. 신해혁명은 이미 100년 전의 과거이고, 우리는 당시 중국의 붕괴 직전의 권력구조에 대해 아는 바가 별로 없다. 또한 지금의 민주정치관으로 당시를 해석하는 데 익숙해 위안스카이가 조폐권을 통일하고 '원대두'를 발행한 사건에 대해서도 충분히 주목하지 않았다. 그러나 사실상 중국이 상업 현대화로 전환하는 과정에서 위안스카이의 금융정책은 과거 진시황의 화폐통일보다 현실적인 상황이 더욱 반영된 것이었다.

법정화폐 제도의 수립이 화폐의 현대화를 실현하다

위안스카이에 관한 내용을 살펴보면 다음과 같다. 1920년대 후반 세계적인 경제공황이 불어닥쳤을 때 미국을 포함한 많은 경제 강국이 타격을 입게 되어 심각한 인플레이션이 발발했다. 1933년 새로 당선된 미국의 루스벨트 대통령은 달러 평가절하라는 방법으로 미국의 이익을 보호하고자 했다. 아울러 '금과 은의 비율을 3:1'로 13억 달러 상당의 금과 은을 사들여 국고에 비축하는 계획을 세웠다. 이 조치로 세계 은값이 상승했고, 은본위제가 뿌리내린 중국이 가장 먼저 타격을 입었다. 당시 백은을 미국에 가져가면 20퍼센트의 이윤을 낼 수 있다는 소식에 중국의 상행들은 백은을 사재기했다. 난징 정부는 백은 유출을 막기 위해 즉각 백은 수출에 세금 7퍼센트를 징수하자고 입안했지만 이 세율도 세계 은값 상승폭을 따라가지는 못했다. 이에 얼마 후 '폐양개원법'이 정식으로 공포되며 은량의 시대는 가고 은원의 시대가 도래했다.

폐양개원을 주도한 중화민국 정부가 이 조치를 취한 데에는 국제정세 외에도 대내적으로도 깊은 사회적 뿌리가 있었다. 1927년, 북벌에 성공한 장제스가 이끄는 난징 정부는 경제 규모가 급속하게 팽창하는 역사적 기회를 맞이하면서 시장 규모나 도시화 수준, 국제무역 규모, 생산력, 소비력, 투자수요 등이 모두 상당히 번영했다. 이와 대조적으로 중국 본토의 자산화폐화는 급속히 진행되면서 외국계 은행뿐 아니라 수많은 본토 은행에서도 증권과 주식 거래가 매우 활발해졌다. 상하이는 극동 지역의 중요 금융센터가 되었고, 심지어 황금거래량이 프랑스와 일본을 넘어섰다.

중화민국 이전 수백 년 동안 중국 정부와 민간에서는 모두 은이나 금을 지불수단으로 이용하는 것이 일반화되어 있었다. 이는 법률적인 규정이기보다는 관습적인 것이었다. 그리고 지역마다 시기별로 계속 변화했다. 은원은 개인결제와 유통수단으로, 은량은 기관결제나 가치 저장수단으로 동시에 유통되어 시장의 발전을 가로막는 걸림돌이었다. 특히 국가가 일반적으로 채택한 금본위와 배치되어 중국이 국제시장에 진입하는 데 장애가 되었다. 국민정부는 '정리재정대강안(整理財政大綱案)(1929)'을 발표해 '폐양개원'으로 진정한 은본위를 실현하고 다시 금환본위제를 추진하는 2단계 방안을 제시했다.

당시 재정부장관이었던 송쯔원은 미국 유학을 마치고 귀국한 인물로 서방사회의 금본위제도에 매우 해박해 국제시장 진입을 위해 개혁의 필요성을 역설했다. 1933년 3월 1일, 국민정부 재정부는 '폐양개원령'을 발표해 폐양개원을 실시한다고 선포했다. 3월 10일부터 각종 거래는 은원(銀圓)을 사용하고, 위안(元)은 은 칠전일분오리(七錢一分五厘)를 법정 은원가격으로 정했다. 이때부터 은원은 중화민국 시기 국가가 사용하는 공식적인 본원통화가 되었다. 일전에 국민정부는 이미 황금과 멕시코 은화 등의 제한령을 실시해 전국 각지에 수십 개에 달하는 조폐공장의 주조권을 통일한 바 있다. 1933년 말에 이르러 폐양개원은 성공을 거두어 명, 청과 북양 정부가 그토록 바랐지만 실현하지 못했던 목표를 완수했다. 이로써 중국에는 은본위제도가 확립되었고, 당시 세계 유일의 은본위 국가가 되었다.

그러나 좋은 시절은 오래가지 못했다. 1930년대 세계적인 경제공황으로 미국은 금본위제를 포기하고 국민이 금을 소지하는 것은 위법이라 선포했다. 동시에 달러와 황금의 태환을 중단했다. 건국 이후 미국이 금은을 비축통화로 하는 금은복본위제였던 것을 감안하면, 이 정책은 사실상 은본위제를 채택하게 만든 것이었다. 백은가격은 치솟았고, 백은 비축량을 늘리기 위해 1933년 12월부터 1934년 5월까지 미국은 '은매입법'과 '백은법안'을 발표해 은값을 올리고, 백은 수출을 금지하고, 백은의 국유화 조치 등을 취했다. 4월까지 해마다 백은 2,442만 온스를 매입해 세계 백은시장을 장악하려고 했다.

세계 백은시장에서 은값이 상승하자 중국의 백은이 대량 유출되었고, 중국 은본위제의 기반이 흔들렸다. 1935년 중국에 불어닥친 '백은열풍'으로 백은이 유출되어 국내 통화량이 줄고 지불도구가 부족해졌다. 은행이 도산하고 기업이 파산했으며, 대규모 실업사태가 일어났다. 결국 은본위제가 시행된 지 1년 반 만에 파국을 맞이했다. 은원이 절하되면 유출되고, 절상되면 인플레이션이 유발되는 총체적 난국이었다.

1935년 11월, 재정부 장관이었던 공상시는 과감한 조치를 취했다. 백은을 즉각 국유화해 수출을 중지하고, 백은과 국제 환율의 고리를 끊은 것이다. 동시에 중앙은행, 중국은행, 교통은행 등 3대 은행이 법정화폐를 발행하게 하고, 백은의 유통을 금지했다. 법정화폐는 국가가 법으로 정한 신용화폐로 상환능력이 무한하고 금이나 은의 함량과는 무관했지만, 환율과 관계가 있었다. 법정화폐는 우선 파운드와 그리고 달러와 고정 태환을 시행했다. 달러는 간접적으로 황금과 태환이 가능했기 때문에 이는 결국 금환본위제도였고, 중국에서 오랫동안 준비한 은본위제는 2년도 안 되어 금환본위제로 바뀌었다.

법정화폐제도와 금환본위제의 실시로 중국경제는 국제경제와 긴밀하게 연계되었고, 경제대국의 지원이 필요한 상황이었다. 당시 일본은 사실상 적국의 관계였으므로 법정화폐를 강력 반대했고, 중국의 화폐제도 개혁을 저지하기 위해 온갖 힘을 동원했다. 영국은 일본과의 관계를 고려해 공상시가 제시한 2,000만 파운드의 차관 건의를 거절했다. 비밀회의를 거쳐 중미 양국은 중국이 미국에 백은 2억 온스를 수출하고 1억 달러를 받아 법정화폐 개혁의 기초를 다지기로 최종 합의했다.

법정화폐 제도로 중국은 금환본위제를 시행하는 계기가 되었고, 화폐의 현대화를 실현했으며, 당시의 총체적 경제위기에서 벗어나 이후 항일전쟁에 필요한 화폐지원시스템을 구축하게 되었다. 당시 일본의 중앙은행 고문은 이렇게 말했다. "만일 1935년의 화폐제도 개혁이 없었다면 1937년의 항전도 없었을 것이다." 1930년대 나라가 어지러운 시기에 재정부 장관이었던 송쯔원과 공상시는 중국의 초기 화폐제도 수립에 역사적인 공헌을 했다.

나는 왜 금융박물관을
건립하려 하는가?

중국 금융박물관 개관 2주년을 맞이하여 〈월스트리트저널〉 중문 판은 나에게 이러한 제목을 제시했고 나는 즉시 요청을 수락하고 글쓰기에 착수했다. 많은 분야의 사람이 계속 질문해 왔고, 나 또한 끊임없이 자문하며 답안을 수시로 수정했다. 나는 금융을 전공하지도 않았고 물론 역사학자도 아니며, 더욱이 박물관에는 문외한이다. 이렇게 아무런 준비도 없이 갑자기 금융박물관 건립에 참여하게 되어 직업의 궤도가 바뀌었고, 새로운 창업의 문에 들어서게 되었다.

금융박물관의 탄생

2008년 여름, 서브프라임 위기가 발발하자 많은 금융계 인사가 역사의 흔적을 더듬기 시작했다. 월스트리트에 있는 미국 금융박물관을 찾는 방문객이 예년에 비해 몇 배나 늘었다는 영문 기사를 보며 호기심이 발동했다. 그해 10월, 나는 뉴욕으로 출장을 갔다가 톈진의 취진두(崔津渡) 부시장과 함께 소로스와 서브프라임 위기에 대해 논하다 이 박물관에 대한 이야기가 오갔다. 그래서 내친김에 박물관을 찾았다. 관람을 시작한 지 채 한 시간도 안 돼 깊은 인상을 받았다. 중국의 박물관은 주로 골동품이나 소장품을 전시하는데, 미국은 금융 역사가 짧아 골동품이라 할 만한 게 없었다. 그러나 음향과 조명 그리고 생동감 있는 영상으로 금융의 역사와 서브프라임 위기의 전말을 일목요연하게 보여 주고 있었다.

워싱턴 특구로 가는 길에 우리는 중국에도 소장품 위주의 박물관보다는 이런 교육기능을 담당하는 박물관이 필요하다는 이야기를 나누었다. 취 부시장은 자신은 톈진에서 장소를 물색할 터이니 나는 전문가를 수소문해 함께 박물관을 건립해 보자고 제안했다. 얼마 후 취 부시장이 물색한 4~5곳을 함께 답사했다. 나는 베이징, 상하이, 쓰촨, 톈진 등을 다니며 전문가를 만나고 의견을 구하고 박물관도 수십 곳이나 둘러보았다. 그러나 전문가들은 이를 실행에 옮기지 못했다.

이유는 이러했다. 첫째, 중국은 금융역사가 매우 짧아 자료가 많지 않고 젊은이들이 금융사에 별 관심이 없다는 것이다. 둘째, 오랜시간 이데올로기 교육을 실시해 금융과 역사학자들은 권위적인 가르침에 익숙해 박물관에서의 토론이나 계몽식의 교육에 낯설다는 것이다. 셋째, 역사와 금융, 박물관에 관한 해박한 지식과 실행력을 갖춘 인재가 없다는 것이다. 넷째, 가장 중요한 이유로 나를 제외하고 모두가 이 박물관이 단시일 내에 완공되리라고 생각하지 않았다. 남의 부탁을 받았고 약속을 천금으로 여기는 나는 여기에 발목이 잡히고 말았다.

나는 중국어로 된 모든 금융사 저서와 상당한 분량의 영어와 일어로 된 금융사 자료를 샅샅이 뒤져 금융학, 경제사, 경제사상사, 금융사, 박물관관리학 등을 공부했다. 아울러 '금융의식에 관한 역사' 칼럼을 쓰기 시작했고, 경영대학원에서 금융사 과목을 강의했다. 수십 년간 사업을 했던 경험이 있던 터라 다양한 책을 섭렵하니 갑작스런 깨달음이 찾아와 지치지도 않고 3년을 매진했다. 게다가 목적을 갖고 배우니 효과가 빨랐다. 나는 대학생이나 대학원생들과 팀을 조직하고 다양한 사람들의 지원을 받으며 2년 만에 금융과 관련된 박물관 두 곳을 개관하게 되었다.

금융박물관의 건립과 어려움

톈진에 개관한 중국 금융박물관은 중국 금융사, 금융과 우리, 민간금융연의, 황금 간략사, 톈진금융 등과 관련된 내용을 전시하고 특별전으로 미국 금융박물관과 함께 서브프라임 위기와 인플레이션의 역사를 소개하고 있다. 쑤저우에 개관한 중국 기금박물관은 공동기금, 주식투자기금, 헤지 펀드, 공공기금, 쑤저우 금융사 등을 전시하고 있다. 우리는 또 박물관에서 금융테마전과 예술전시회 그리고 디자인전시회를 약 20차례 개최했다. 주요 기관에서 박물관을 빌려 각종 회의나 포럼을 개최하고, 심지어 결혼식도 두 번이나 진행했다. 특히 박물관에 서원을 만들어 몇 개 도시에서 공익독서캠페인을 했는데 반응이 좋았다. 덕분에 베이징에 서원 몇 개를 건립하는 등 큰 효과를 거두었다.

그러나 박물관을 건립하는 과정에서 부닥친 어려움이나 체제와 관습의 제약으로 우리는 생존방식을 바꾸어야 했다.

첫째, 정부주도와 민간주도다. 박물관은 정부의 허가와 관리, 재정적 지원이 있어야 하지만, 교육기능을 위주로 한 민간박물관은 민간이 주도하는 것이 낫다. 박물관은 이데올로기와 관련된 영역이기 때문에 전시하는 테마나 콘텐츠, 논리관계, 문장의 표현 등 민감한 부분이 많다. 정부가 주도하면 엄격한 제약이 따를 것이고 자칫 잘못하면 비난을 받기 때문에 소홀히 해서는 안 된다. 민간이 주도하면 상대적으로 여유는 있지만, 공은 정부에게로 돌아가고 잘못되면 민간 관리자가 책임과 리스크를 감당해야 한다. 이를테면 최근 영국과 공동으로 기획한 〈중영금융사〉는 아편전쟁 같은 민감한 문제를 다루었기 때문에 여러 번의 고증단계를 거치고 전시품으로 역사적 논리를 표현해 관람객에게 사고의 공간을 제시했다.

둘째, 공익경영과 시장개척이다. 정부 박물관 경비는 세금에서 지원되기 때문에 당연히 무료다. 민간박물관은 시장경영 원리에 기초하기 때문에 경비의 출처는 다양하고, 이사회가 자체적으로 결정할 수 있다. 정부는 문화품격 향상과 공공투자 증진을 고려해 민간박물관에 여러 가지 재정적 지원을 하지만, 투자유치의 의도가 있어 정부의 재정에 의지하는 것은 실질적인 전략이 못된다. 현재 대중이 느끼는 수준을 보면 박물관이 포럼, 전시, 회의, 기념품, 카페 등을 통해서 벌어들이는 수입은 그저 적자를 줄이려는 수단이고, 회원 클럽이나 기부도 단기간에 효과를 보기는 어렵다. 따라서 박물관은 반드시 공익지출의 기능과 시장을 개척할 방법을 강구해야 한다. 2주년 축하행사의 일환으로 우리가 기획한 '금융소' 경매행사는 매우 중요한 시도라고 할 수 있다.

셋째, 소장품과 팀이다. 교육기능을 가진 박물관, 특히 금융 같이 역사가 짧은 주제는 전통적인 방식에 의존해 소장품의 가치로 박물관의 지위를 평가하는 것은 부적절하다. 박물관을 건립하는 과정에서 많은 엘리트가 관련부처와 합리성의 문제를 논의하고 검증하는 것이 안타까웠다. 마치 금융박물관의 의미와 가치가 금융계 전문가나 사회 대중이 아닌 도굴꾼이나 고고학자들의 인정을 받아야 하는 것 같았다. 문물국 리더가 우리 박물관 소장품 중 가장 진귀한 것이 무엇이냐고 물을 때마다 나는 "가장 진귀한 소장품은 나와 우리 팀이다"라고 대답했다.

넷째, 전문가의 흥미와 대중의 교육이다. 건립 과정에서 우리는 많은 심사와 질문을 받았다. 왜냐하면 모두가 우리의 학술 수준을 가늠하길 원했기 때문이다. 하나같이 박물관은 반드시 대단한 학술적 권위를 갖춰야 한다고 여겼다. 이는 오랫동안 정부 독점과 평가가 만들어 낸 고정관념이다. 사실 박물관은 단지 장소에 불과하다. 수준을 계속 상승시키는 교류의 장이고, 대중과 함께 배우고 성장하는 곳이므로 수치심이나 불안을 느낄 필요가 없다. 우리는 대중의 가르침을 매우 소중하게 생각하고 끊임없이 배우며 개선하려고 노력한다. 박물관의 진정한 가치는 소장품이 무엇이고 수준이 어떠한가 아니라, 어떻게 사회를 변화시키고 대중에게 얼마나 영향력을 미치는가이다.

금융박물관의 의미와 기대

경제 발전은 역사의 과정이다. 우리는 과거 30년 동안 낙후된 경제와 문화에서 벗어나고자 노력해 왔다. 발전은 불변의 진리이고, 일부가 먼저 부유해지는 것은 모두가 용납할 수 있는 주류의식이 되었다. 이와 함께 당장의 이익을 추구하고 이기면 그만이라는 가치관이 팽배하다. 서브프라임 위기는 미국과 유럽 경제에 심각한 타격을 주었지만, 대국경제의 부상에 심취해 있던 중국 기업가들과 소비자들에게도 경기침체와 인플레이션, 조정정책 실패라는 결과를 안겨주었다. 따라서 경제발전의 내재적 논리와 과정의 합리성은 현재와 미래의 경제사조와 행위를 주도하는 중요한 좌표가 되었다.

경제사와 금융사는 모두의 관심사다. 대부분의 사람이 경전이나 고사를 인용해 역사와 현실을 분석할 겨를도, 능력도 없는 상황에서 깊이는 없으나 어려운 용어만 구사하는 학자들이 태연하게 학파에 얽매여 있을 때, 음모론은 패스트푸드처럼 대중에게 퍼져나갔다.

금융박물관은 금융 교육을 보급하고 대중의 지혜를 깨우며 금융 수준을 높이는 공공의 플랫폼이다. 이데올로기의 교화도구도 아니고, 소수의 전문가들이 수집한 금융상품을 감상하는 장소도 아니다. 금융문맹을 퇴치하는 것이 우리의 사명이다. 급변하는 금융시장에서 몇 년을 주기로 낡은 지식이 사라지고 새로운 지식이 출현함에 따라 금융기술을 배우고 발전시키는 것이 현대기업에게는 경쟁수단이 되었고, 소비자들에게는 자신의 권익을 보호하는 도구가 되었다. 2년 동안 4만여 명이 중국 금융박물관을 찾아 서로 소통하고 다양한 금융지식을 공유했다.

금융박물관은 계속 변화하고 있다. 우리는 자신과 타인에게 완벽주의를 강요하지 않는다. 역사 깊은 대영 박물관이나 미국 메트로폴리탄 박물관이라 할지라도 시간을 10분만 준다면 우리는 10개의 문제점을 짚어낼 수 있다. 길은 우리가 걸어서 만들어 낸 것이다. 계속해서 배우고 개선한다면 무에서 유를 창출할 수 있고, 하루가 다르게 발전할 수 있다. 사람들이 우리 박물관을 칭찬해 주면 격려가 되고, 냉소를 던지면 채찍이 된다. 악의적인 공격도 우리의 능력과 영향력을 긍정하는 것이라 생각한다. 물이 높은 곳에서 낮은 곳으로 흐르듯 상황에 맞게 우리가 발전할 수 있는 공간과 기회를 찾게 될 것이다.

나는 왜 금융박물관을 건립하려 하는가? 나는 배움과 도전을 좋아하기 때문이다. 많은 사람이 현실과 미래에 도전하듯, 나도 열정으로 이 모든 것을 경험했다. 되돌아보면 역사에 도전한 사람은 별로 없다. 나는 금융을 이해하고 역사를 사랑하며 실행력이 있다. 이것이 내가 가진 기본 조건이며 따라서 유쾌한 인생을 새롭게 살아가고 있다.

• 참고문헌 •

1. (영) 니얼 퍼커슨 지음,《로스차일드가문》, 중신출판사, 2012년.

2. 천즈우(陳志武) 지음,《금융의 논리》, 국제문화출판공사, 2009년.

3. (미) 로버트 실러 지음,《금융과 좋은 사회》, 중신출판사, 2012년.

4. (미) 데이비드 캐리 지음,《자본의 왕》, 중국인민대학출판사, 2011년.

5. 마용(馬勇) 지음,《역사의 불완전함을 용인하라(容忍歷史不完美)》, 중화공상연합출판사, 2012년.

6. (미) 라인하르트·로고프 공저,《이번에는 다르다: 800년 금융황당사》, 기계공업출판사, 2010년.

7. (일) 시오노 나나미 지음,《로마인 이야기》시리즈, 중신출판사.

8. CCTV《화폐》다큐멘터리 제작팀 지음,《화폐》, 중신출판사, 2012년.

9. (미) 팀 팍스 지음,《메디치 머니》, 중신출판사, 2007년.

10. (미) 로버트 실러 지음,《비이성적 과열》, 중국인민대학출판사, 2001년.

11. 야오쉬이(姚遂) 지음,《중국 금융사》, 고등교육출판사, 2007년.

12. (미) 마크 루벤스타인 지음,《투자 사상사》, 기계공업출판사, 2009년.

13. (미) 앤디 캐슬러 지음,《우리는 어떻게 여기까지 왔나: 비즈니스, 기술, 금융의 재미있는 역사》, 기계공업출판사, 2011년.

14. (영) 니얼 퍼커슨 지음,《화폐의 부상》, 중신출판사, 2012년.

15. (영) 니얼 퍼커슨 지음,《문명》, 중신출판사, 2012년.

16. (영) 니얼 퍼커슨 지음,《종이와 쇠》, 중신출판사, 2012년.

17. 주쟈밍(朱嘉明) 지음,《자유에서 독점까지: 중국 화폐경제 2천년》, 원류 출판사업고분유한공사, 2012년.

18. 펑신웨이(彭信威) 지음,《중국 화폐사》 상해인민출판사, 2007년.

19. (미) 킨들버거 지음,《광기, 패닉, 붕괴: 금융위기사》(제5판), 중국금융출 판사, 2011년.

20. (미) 킨들버거 지음,《서유럽 금융사》, 중국금융출판사, 2010년.

21. 성이(盛溢) 등 편저《박물관 속 금융 이야기(博物館裏說金融)》, 푸단대학 교출판사, 2011년.

22. 예유밍(葉有明) 등 편저《박물관 속 펀드 이야기(博物館裏說基金)》, 푸단대 학교출판사, 2011년.

23. 리홍(李弘) 등 편저《박물관 속 중국과 영국의 금융 이야기(博物館裏說中 英金融)》, 수도경제무역대학출판사, 2012년.

24. (미) 찰스 가이스트 지음,《합병 100년사》, 인민우전출판사, 2006년.

25. (미) 윌리엄 괴츠만 등 편저《가치의 기원》, 만권출판공사, 2010년.

26. Brooke Hindle and Steven Luber, Engines of Change: the American Industrial Revolution, 1790~1860 (Oct 17, 1986).

세계 역사를 뒤흔든
금융 이야기

왕웨이 지음 · **정영선** 옮김

발 행 일   초판 1쇄 2015년 5월 16일
          초판 2쇄 2015년 8월 19일
발 행 처   평단문화사
발 행 인   최석두

등록번호   제1-765호 / 등록일 1988년 7월 6일
주   소   서울시 마포구 서교동 480-9 에이스빌딩 3층
전화번호   (02)325-8144(代)   FAX (02)325-8143
이 메 일   pyongdan@hanmail.net
I S B N   978-89-7343-415-2 (03320)

이 도서의 국립중앙도서관 출판시도서목록(CIP)은 서지정보유통지원시스템
홈페이지(http://seoji.nl.go.kr)와 국가자료공동목록시스템(http://www.nl.go.kr/kolisnet)에서
이용하실 수 있습니다.
(CIP제어번호: CIP2015011121)

저희는 매출액의 2%를 불우이웃돕기에 사용하고 있습니다.